초간단 스마일 레시피

한입에 캐릭터 도시락

요리 **박선희**

캐릭터 도시락 싸는 원칙 5

1 밥 짓기 ▶▶▶ 밥은 약간 질게 지어야 덜 굳는다. 뜨거운 밥을 도시락 통에 바로 담으면 밥에서 빠져나온 수증기 때문에 질척거릴 수 있다. 김이 나지 않을 정도로 식혀서 담는다.

2 색깔 밥 짓기 ▶▶▶ 빨강, 노랑, 초록 등 색깔 쌀을 갖추면 다양한 캐릭터를 표현하기 쉽다. 요즘은 마트에서 자연 재료로 물들인 색깔 쌀을 판매하므로 재료를 우려 색깔 밥을 만드는 번거로움을 줄일 수 있다.

3 도구 활용하기 ▶▶▶ 캐릭터 도시락을 만들 때는 각 캐릭터의 특징을 잘 포착하는 것이 중요하다. 특히 눈, 코, 입 등 표정을 실감나게 살리려면 정교한 도구가 필요하다. 핀셋, 가위, 김 펀치 등 기본 도구를 준비한다.

4 도시락 싸기 ▶▶▶ 도시락을 정성껏 싸도 먹을 때 모양이 망가져 있다면 낭패다. 도시락을 쌀 때는 반찬과 밥이 뒤섞이지 않도록 신경 쓴다. 도시락통 안쪽에 우선 채소를 깔고 밥과 유산지에 넣은 반찬 등을 담는다. 나머지 빈 공간에는 방울토마토나 데친 브로콜리 등을 채워 움직이지 않도록 고정한다.

5 안전하게 싸기 ▶▶▶ 이쑤시개로 소시지, 치즈, 과일 등을 고정할 때는 길게 두어야 아이가 이쑤시개가 있음을 안다. 이쑤시개를 짧게 잘라두면 알아차리지 못하고 씹게 되어 위험하다.

<한입에 캐릭터 도시락> 책보기 설명서

1. 재료에 따라 ▶▶▶

소풍, 운동회 등 특별한 날이 아니더라도 아이 키우는 엄마들은 도시락 쌀 일이 많아요. 주먹밥, 김밥, 초밥, 샌드위치 등 만들 수 있는 캐릭터는 무궁무진합니다. 아이가 좋아하는 캐릭터를 골라 재료의 특성에 맞게 완성해 보세요.

2. 캐릭터에 따라 ▶▶▶

손재주 없는 엄마가 엉성하게 싼 도시락일지라도 아이가 "야호! 뽀로로다"라고 알아보면 말할 수 없을 만큼 큰 행복을 느끼지요. 우리 아이가 요즘 가장 좋아하는 캐릭터를 만들어 도시락에 담으세요. 모양, 맛, 영양 모두 엄마의 정성만큼 표현됩니다.

3. 식판식의 아이디어 ▶▶▶

요즘 유아 식판식이 유행이지요? 식판식을 차릴 때 캐릭터나 이니셜을 표현해 흥미를 끌면 식사 시간이 더 즐거워집니다. 책에 소개된 캐릭터 도시락을 보고 식사 준비할 때 영감을 얻으세요.

4. 누구나 따라할 수 있는 메뉴 ▶▶▶

이 책에 담은 41가지 도시락은 요리 초보, 핸드메이드 문외한인 엄마도 손쉽게 따라할 수 있는 것들로 구성했습니다. '그림의 떡'이 아닌 현실밀착형 DIY 도시락을 직접 만들어 보세요.

5. 일러두기 - 재료 및 분량 ▶▶▶

- ▶ 모든 메뉴는 1인 기준입니다.
- ▶ 1인 기준 밥 1/2공기(100g)입니다.
- ▶ 도시락 쌀 때 통에 까는 채소(상추, 겨자잎, 로메인)는 분량에 표시하지 않았습니다.
- ▶ 접착제로 사용한 마요네즈는 '재료' 항목에서 제외했습니다. 이쑤시개에 마요네즈를 묻혀 재료를 고정하면 됩니다.
- ▶ 캐릭터를 꾸밀 때 쓰는 체다치즈, 김, 파프리카, 당근 등의 재료는 양이 적으므로 '약간'으로 표기했습니다.

CONTENTS

INFO

캐릭터 도시락 INFORMATION

1. 색깔밥 만들기 ›› 11P
2. 꼭 필요한 재료 ›› 12P
3. 초보자를 위한 싸기 비법 ›› 14P
4. 빛나는 도시락 장식 ›› 16P
5. 단골 반찬 ›› 20P
6. 간편 샐러드 ›› 22P
7. 새콤달콤 피클 ›› 24P

PART 1
밥 캐릭터 도시락

뽀로로와 친구들 ›› 28P
식빵맨 세트 ›› 31P
호빵맨과 친구들 ›› 34P
사과밭 세트 ›› 37P
키티 세트 ›› 40P
화난새컵밥 세트 ›› 42P
기차타고 칙칙폭폭 ›› 45P
동물 세트 ›› 48P
추억의 달걀세트 ›› 51P
꽃밥 세트 ›› 54P
리락쿠마 세트 ›› 56P
바바파파 세트 ›› 58P

CONTENTS

PART 2
빵 캐릭터 도시락

탸요샌드위치 ›› 62P
스펀지밥 세트 ›› 64P
돼지하와이언샌드위치 ›› 66P
다람쥐햄버거 세트 ›› 68P
왕관핫도그 ›› 70P
토끼샌드위치 ›› 72P
곰돌이소시지롤 ›› 74P
달팽이빵 ›› 76P
지퍼백샌드위치 ›› 78P

PART 3
주먹밥·초밥 캐릭터 도시락

미니언즈주먹밥 세트 ›› 82P
미니언즈초밥 세트 ›› 85P
삼둥이유부초밥 ›› 88P
찜질방유부초밥 ›› 90P
토토로무수비 세트 ›› 92P
스마일김밥 ›› 94P
표정보자기김밥 ›› 96P
개구리보자기김밥 ›› 98P
미니고양이주먹밥 ›› 100P
폭탄밥 세트 ›› 102P

PART 4
캐릭터 접시

개구리스파게티 ›› 106P

곰돌이카레 ›› 108P

식판떡볶이 세트 ›› 110P

원숭이팬케이크 ›› 112P

곰돌이롤케이크 ›› 114P

동물에그타르트 ›› 116P

크리스마스과일트리 ›› 118P

눈사람과일접시 ›› 120P

애벌레과일 ›› 122P

햄롤꼬치간식 세트 ›› 124P

캐릭터 도시락

INFORMATION

1. 색깔밥 만들기
2. 꼭 필요한 재료
3. 초보자를 위한 싸기 비법
4. 빛나는 도시락 장식
5. 단골 반찬
6. 간편 샐러드
7. 새콤달콤 피클

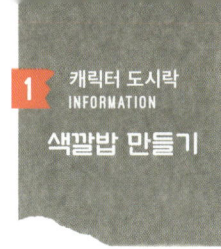

1 캐릭터 도시락 INFORMATION
색깔밥 만들기

캐릭터 도시락의 기본은 알록달록한 색감이지요.
시판 컬러 쌀로 밥을 짓는 게 가장 간편하지만
캐릭터에 따라 천연 재료로 곱게 물들일 수 있어요.

노란밥

재료 흰밥 1공기, 삶은 달걀노른자 1개, 소금 1/4작은술

1. 상온에 둔 달걀을 냄비에 물이 끓기 시작하면 넣어 15분간 삶은 뒤 찬물에 헹군다. 껍질을 벗겨 노른자만 준비한다.
2. 달걀노른자를 체에 문질러 고운 가루가 되도록 거른다.
3. 밥에 ❷의 가루를 골고루 뿌려 섞는다.

갈색밥

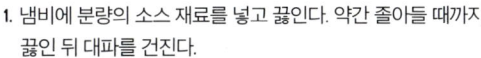

재료 흰밥 1공기
소스 대파 2cm, 진간장·청주 2큰술씩, 설탕 1과 1/2큰술, 물엿 1/2큰술

1. 냄비에 분량의 소스 재료를 넣고 끓인다. 약간 졸아들 때까지 끓인 뒤 대파를 건진다.
2. 밥에 ❶의 소스를 골고루 뿌린다.
3. 조물조물 섞어 완성한다.

2 캐릭터 도시락 INFORMATION
꼭 필요한 재료

캐릭터 도시락은 작고 귀엽게 표현하는 작업이 많아요. 색감이 있는 재료를 최대한 사용하여 개성을 살리고 여러 가지 도구를 활용하면 더 깜찍하게 도시락을 쌀 수 있습니다.

색깔 쌀

마트에는 노란색, 분홍색, 녹색, 갈색 등 다양한 컬러로 색을 입힌 쌀을 450g 포장으로 판매한다. 가격은 5천 원 선이다. 일부 대형 마트에서는 원하는 양만큼 소량으로 구입할 수 있다.

검은깨

캐릭터의 눈, 코, 입을 표현할 때 검은깨가 유용하다. 핀셋으로 집어 뾰족한 부분을 재료에 박아 장식한다.

모양틀

베이킹할 때 쓰는 다양한 깍지와 모양틀이 있으면 도시락 꾸미기가 한결 수월하다. 특히 스테인리스 재질의 둥근 깍지는 모양을 찍거나 재료의 테두리를 찍어 장식하기 편리하다.

핀셋과 가위

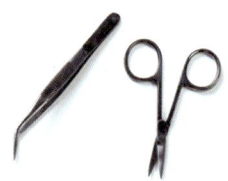

끝부분이 날카롭고 구부러진 공예용 핀셋과 미용 가위가 필요하다. 대형 문구 센터(한가람·알파)의 건축 모형 재료 코너에서 판매한다.

김 펀치

캐릭터 도시락의 성패는 무엇보다 귀엽고 깜찍한 표정을 살리느냐에 달렸다. 보통 표정은 김 펀치로 눈, 코, 입을 찍어 만든다. 펀치의 날이 플라스틱, 아연합금이냐에 따라 가격은 5천~2만원까지 다양하다.

소스통

엄지손가락 크기의 플라스틱통은 간장, 토마토케첩 등 소스를 담기 좋다. 도시락통의 빈 공간에 넣으면 음식이 흔들리지 않고, 용기 모양이 귀여워 담음새가 예쁘다. 1천원숍이나 마트의 주방용품 코너에서 판매한다.

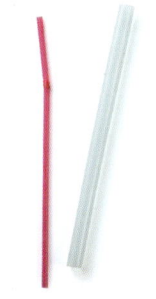

빨대

메추리알, 체다치즈 등 부드러운 재료에 구멍을 뚫을 때 빨대가 요긴하다. 요구르트용, 일반용, 스무디용 등 다양하게 준비한다.

미니 꼬치

달걀말이, 소시지, 과일 등 여러 가지 재료를 고정할 때 사용하는 미니 꼬치. 디자인이 다양하므로 취향에 따라 고른다. 꼬치가 없을 때는 이쑤시개에 마스킹테이프를 붙여 만든다.

비닐팩과 랩

도시락을 쌀 때 준비한 재료나 김이 마르지 않도록 비닐팩에 넣어둔다. 속재료와 빵을 붙일 때 랩에 감아 두면 모양이 고정된다.

초콜릿펜

제과 제빵에 주로 사용하는 초콜릿펜으로 그림을 그리거나 글씨를 써 장식한다.

유산지

반찬이나 샐러드를 담기 좋은 유산지. 종이와 실리콘 재질 2가지이므로 필요에 따라 골라 사용한다.

토마토케첩·마요네즈

토마토케첩, 마요네즈, 허니머스터드 소스 등은 작은 약병에 담아 글씨를 쓰거나 장식할 때 사용한다. 마트에서 30㎖ 용량을 별도로 판매하므로 구입해서 그대로 사용해도 좋다.

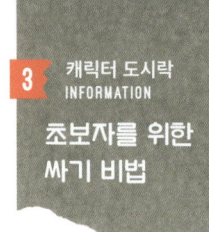

3 캐릭터 도시락 INFORMATION
초보자를 위한 싸기 비법

폼 나는 도시락을 싸고 싶은데 어렵게 느껴지기만 하지요?
아이들이 열광하는 캐릭터 도시락 만들기… 몇 가지 원칙을 알고 나면 부담 없이 도전할 수 있습니다.

도시락통 안쪽에 채소를 깐다

도시락을 예쁘게 싸도 이동 중에 망가질 수 있다. 우선 도시락을 담기 전 통 안쪽에 상추 등 채소를 도시락통 바깥으로 약간 나오게 깐다. 채소가 쿠션 역할을 해 내용물들이 움직이지 않는다.

모든 재료는 빽빽하게 넣는다

도시락통은 빈 공간이 없도록 빽빽하게 재료를 넣어주어야 흔들려도 움직이지 않는다. 빈 공간은 데친 브로콜리나 방울토마토, 포도 등으로 채운다.

김은 제습제와 함께 보관한다

김은 캐릭터를 꾸밀 때 가장 많이 쓰인다. 요리하는 도중에 김이 눅눅해질 수 있다. 김은 1/4 크기로 잘라 비닐팩에 제습제와 함께 넣고 한 장씩 꺼내 사용한다.

마요네즈를 접착제로 사용한다

물엿이나 올리고당으로 재료를 붙이면 우선은 잘 붙지만 쉽게 밀린다. 마요네즈를 발라 재료를 고정한다. 마르면 색이 투명해지고 물엿과 올리고당에 비해 덜 움직여 만들기 편하다.

소시지는 데친 뒤 모양을 낸다

비엔나소시지나 햄 등은 캐릭터 모양을 만든 뒤 익히면 흐트러진다. 미리 끓는 물에 살짝 익힌 뒤 모양을 만든다.

체다치즈는 비닐째 오린다

체다치즈는 비닐을 벗기고 가위로 오리면 가위에 치즈가 붙거나 손가락 지문이 묻어 지저분해진다. 꼭 비닐째 오려서 사용한다. 또한 밥이 뜨거울 때 체다치즈를 올리면 접착제 없이 잘 붙는다.

검은깨는 뾰족한 부분을 안쪽으로 넣는다

메추리알 등에 검은깨를 박아 표정을 만들 때는 핀셋을 이용해 검은깨의 뾰족한 부분을 안쪽으로 넣어야 잘 고정된다.

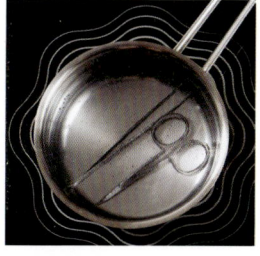

정교한 도구를 준비한다

크기가 작은 식재료를 자르고 오려 붙이는 작업은 도구를 갖춰야 어려움 없이 빠르게 완성할 수 있다. 스테인리스 재질의 공예용 핀셋과 가위를 구입해 열소독한 뒤 사용한다.

약병을 이용한다

토마토케첩이나 마요네즈는 약국에서 작은 물약병을 구입해 담는다. 약을 담았던 병을 닦아서 사용하는 것은 위험하므로 꼭 약병을 별도로 구입해 사용한다.

4	캐릭터 도시락 INFORMATION

빛나는 도시락 장식

비엔나소시지, 메추리알, 당근 등의 재료로 주연보다 더 빛나는 조연 캐릭터를 완성해보려고 해요. 생김새가 앙증맞고 도시락의 자투리 공간을 매울 수 있어 실용적이에요.

꼬꼬닭

재료 깐메추리알, 검은깨, 당근, 마요네즈

1. 깐메추리알을 세로로 세운 뒤 핀셋을 벌려 살짝 구멍을 뚫는다.
2. 검은깨는 뾰족한 부분을 안쪽으로 향하게 하여 양쪽에 끼운다.
3. 슬라이스한 당근을 칼로 잘라 볏과 부리를 만든다.
4. 머리 위에 볏을 끼우고 마요네즈로 부리를 붙인다.

고양이

재료 깐메추리알, 김, 마요네즈

1. 깐메추리알을 가로로 돌려 아랫부분을 칼로 잘라 평평하게 만든다.
2. 반대편에 'V'로 칼집을 2개 낸다. 칼집 낸 자투리 흰자를 칼로 밀어넣어 귀를 만든다.
3. 김을 펀치로 찍어 눈과 코를 붙인다.
4. 김을 가위로 얇게 잘라 마요네즈를 발라 수염을 붙인다.

작은새

재료 깐메추리알, 검은깨

1. 깐메추리알을 손에 쥐고 아래부터 1/3 지점에 가로로 칼집을 넣는다.
2. 칼집 길이만큼 윗부분에 칼집을 넣는다.
3. 칼집 낸 부분을 도려 입 모양을 만든다.
4. 핀셋으로 구멍을 뚫고 검은깨를 박아 눈을 만든다.

 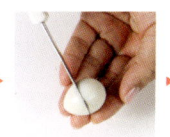  

리본

재료 샌드위치용 햄, 이쑤시개

1. 샌드위치용 햄을 0.3㎝ 폭으로 썬다.
2. 썬 햄을 사진과 같이 접는다.
3. ❷의 아래에 다른 햄을 사진과 같이 겹친다.
4. 다른 햄을 세로로 감아 이쑤시개로 고정한 뒤 남은 부분은 가위로 자른다.

  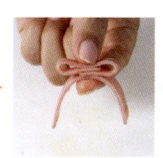 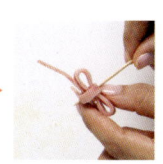

문어

재료 비엔나소시지, 검은깨

1. 비엔나소시지 한쪽 끝에 십자 모양으로 칼집을 낸다.
2. 칼집 낸 부분을 가위로 가늘게 잘라 다리를 만든다.
3. 끓는 물에 칼집 낸 부분을 젓가락으로 눌러 펼치면서 데친다.
4. 눈 위치에 핀셋 끝으로 구멍을 낸 뒤 검은깨를 꽂는다.

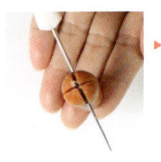 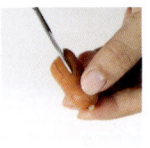  

사탕

재료 비엔나소시지

1. 비엔나소시지는 끓는 물에 데쳐 3등분으로 썬다.
2. 이쑤시개에 사진처럼 양끝을 마주보도록 끼운다.
3. 이쑤시개의 뾰족한 부분은 사선으로 가위집을 내 손으로 돌려 자른다.

물고기

재료 둥근 소시지, 김

1. 소시지는 0.5㎝ 두께로 썰어 사진과 같이 자른다.
2. 단면을 붙여 꼬리를 만든다.
3. 김을 동그랗게 잘라 눈을 붙인다.

개구리

재료 오이, 막대치즈, 파프리카, 김, 검은깨

1. 오이는 껍질째 씻어 1cm 폭으로 썬다.
2. 막대치즈는 0.5cm 폭으로 썰어 동그랗게 자른 김을 붙인다.
3. 파프리카는 'V'모양으로 자른다.
4. 오이 위에 눈을 붙이고 입을 올린 뒤 검은깨를 박아 코를 만든다.

당근

재료 당근, 오이 껍질

1. 슬라이스한 당근을 사진처럼 파이 모양으로 썬다.
2. 둥근 부분은 직선으로 썬다.
3. 오이껍질을 가위로 모양을 내 오린 뒤 당근 위에 얹는다.

별

재료 당근, 피망

1. 당근은 껍질을 벗기고 채칼로 썬다.
2. ❶을 별 모양틀로 찍는다.
3. 둥근 모양틀로 ❷의 당근과 피망을 찍는다. 피망을 둥근 모양틀로 찍은 당근 대신 끼운다.

5 캐릭터 도시락
INFORMATION

단골 반찬

짭조름한 반찬 한두 가지를 도시락에 곁들이면 보기도 좋고 맛 궁합도 훌륭해져요. 아이는 물론 남편 입맛까지 사로잡을 곁들임 반찬을 소개할게요.

연근조림

급하게 도시락 쌀 때 조림 반찬은 큰 도움이 되지요. 연근조림은 작게 잘라 유산지에 담은 뒤 도시락의 빈 공간에 넣으세요.

재료 연근 100g, 식초물 1컵, 물 적당량, 참기름·통깨 약간씩
양념 간장 1과 1/2큰술, 물엿 1큰술, 설탕 1/2작은술, 물 적당량

1. 연근은 껍질을 벗긴 뒤 0.5cm 두께로 썰어 식초물에 5분간 담근다.
2. 끓는 물에 연근을 3~4분간 데쳐 찬물에 담근다.
3. 냄비에 연근을 담고 연근이 자작하게 잠길 정도로 물을 붓는다.
4. 분량의 양념 재료를 넣고 중간불에서 자작해질 때까지 조린다.
5. 참기름과 깨소금을 뿌려 완성한다.

진미오징어채무침

밥 반찬으로, 도시락 반찬으로 인기 만점인 진미오징어무침이에요. 고추장을 빼고 만들어도 됩니다.

재료 진미오징어채 70g, 식용유·참기름·통깨 약간씩
양념 물 1큰술, 진간장·설탕·다진 마늘·물엿 1작은술씩

1. 볼에 분량의 양념 재료를 넣고 고루 섞는다.
2. 진미오징어채는 5cm 길이로 잘라 달군 팬에 식용유를 두르고 살짝 볶는다.
3. ❷에 양념을 넣고 고루 섞어 볶은 뒤 참기름과 통깨를 뿌린다.

멸치볶음

초간단 멸치볶음입니다. 딱딱하지 않아서 아이도 잘 먹어요.

재료 잔멸치 8큰술, 슬라이스 아몬드 1/2큰술, 설탕·물 2작은술씩

1. 기름을 두르지 않은 달군 팬에 잔멸치를 볶는다.
2. 팬의 한쪽에 설탕과 물을 넣고 끓으면 잔멸치를 버무린 뒤 아몬드를 뿌려 완성한다.

콩자반

촉촉하고 부드러운 콩자반을 소개할게요.

재료 검은콩·물 1컵씩, 통깨 약간
양념 설탕 1과 1/2큰술, 진간장·맛술 1큰술씩, 물엿 1작은술

1. 검은콩은 물에 담가 하루 정도 불린다.
2. 불린 검은콩은 체에 밭쳐 물기를 빼고 콩이 잠길 정도로 물을 부어 한 번 끓인다.
3. 다른 냄비에 분량의 양념 재료를 넣고 섞어 끓인다. 양념이 끓어오르면 콩을 넣고 윤기나게 조려 통깨를 뿌린다.

연근조림

진미오징어채무침

멸치볶음

콩자반

6 캐릭터 도시락 INFORMATION
간편 샐러드

부드럽고 촉촉한 샐러드는 도시락 메뉴와 상관없이 잘 어울리는 메뉴예요. 빠르고 간단하게 만들 수 있는 레시피를 알려 드릴게요.

마카로니샐러드

씹는 맛이 일품인 샐러드로 소스가 새콤달콤해요. 마카로니 대신 감자를 활용해도 됩니다.

재료 마카로니 50g, 다진 양파·다진 당근 1작은술씩
소스 마요네즈 3큰술, 꿀·레몬즙 1큰술씩, 소금·후춧가루 약간씩
1. 마카로니는 끓는 물에 10분간 삶은 뒤 찬물에 헹군다.
2. 볼에 분량의 소스 재료를 고루 섞은 뒤 마카로니와 채소를 넣고 버무린다.

참치샐러드

후다닥 만들 수 있는 간단 레시피예요. 양파, 파프리카 등 채소를 넣으면 아삭아삭해요.

재료 참치통조림 1캔(200g), 양파 1/4개, 허니머스터드 소스 2큰술
1. 참치는 기름을 빼고 포크로 으깬다.
2. 양파는 사방 0.5㎝ 크기로 썬다.
3. 볼에 참치, 양파를 담고 허니머스터드 소스를 넣어 버무린다.

단호박샐러드

부드럽고 촉촉한 단호박 샐러드는 데일리 아이템으로 손색없어요. 호두, 아몬드 등 견과류를 넣으면 고소합니다.

재료 단호박 1/4개, 마요네즈 1과 1/2큰술, 건포도 2작은술(10g), 설탕 1/2작은술, 소금 약간
1. 단호박은 전자레인지에 30초간 조리한 뒤 칼로 썰어 숟가락으로 씨를 판다.
2. 찜기에 단호박을 담고 6~7분간 쪄 껍질을 벗기고 으깬다.
3. 볼에 단호박과 마요네즈, 설탕, 소금을 넣고 버무린다.
4. 건포도를 넣어 완성한다.

콘샐러드

도시락 반찬을 만들기 어려울 때 옥수수통조림은 큰 도움이 됩니다. 그냥 먹어도 되지만 소스에 버무려 새콤달콤하게 만들었어요.

재료 옥수수통조림 1캔(340g), 양배추 1/10통(옥수수와 동량), 양파 1/2개, 빨간색 파프리카 1/4개
소스 우유 3큰술, 마요네즈 2와 1/2큰술, 레몬즙·설탕 1과 1/2큰술씩, 소금 1/5작은술
1. 옥수수는 물기를 뺀 뒤 찬물에 헹궈 체에 받친다.
2. 양배추, 양파, 피망, 파프리카는 옥수수 크기로 썬다.
3. 볼에 분량의 소스 재료를 넣고 고루 섞는다.
4. ❸에 모든 재료를 넣고 버무린다.

마카로니샐러드

참치샐러드

콘샐러드

단호박샐러드

7 캐릭터 도시락
INFORMATION

새콤달콤 피클

아직 아이에게 매운 김치나 맛이 강한 시판 피클을 주기가 망설여지죠? 빠른 시간에 쉽게 만들 수 있는 피클을 알려 드립니다. 어떤 도시락 메뉴와도 잘 어울려요.

오이피클

한번 만들어 두면 도시락 반찬으로, 입맛 없을 때 밥도둑으로 제 역할을 하는 오이피클을 만들었어요.

재료 오이 2개, 굵은 소금·피클링스파이스 약간씩
절임물 물 250㎖, 식초 75㎖, 설탕 60g, 소금 1큰술, 월계수잎 1장

1. 오이는 굵은 소금으로 박박 씻어 세로로 반 가른다. 티스푼으로 씨를 빼내고 0.5㎝ 폭으로 썬다.
2. 냄비에 물, 식초, 설탕, 소금을 한꺼번에 넣고 끓인다.
3. 열소독한 유리병에 오이를 반쯤 담고 월계수잎을 넣은 뒤 남은 오이를 채우고 뜨거운 절임물을 붓는다.
4. 병을 밀봉해 상온에서 식힌다. 냉장고에 넣어 이틀 후 먹는다.

무피클

튀김과 잘 어울리는 새콤달콤한 무피클이에요. 여유 있게 만들어 식사 때마다 준비해줘도 좋아요.

재료 무 1/4개
절임물 물 250㎖, 식초 75㎖, 설탕 60g, 소금 1큰술, 월계수잎 1장

1. 무는 껍질을 벗겨 사방 1㎝ 크기로 깍뚝 썬다.
2. 냄비에 물, 식초, 설탕, 소금을 넣고 끓인다.
3. 열소독한 유리병에 무와 월계수잎을 넣고 뜨거운 절임물을 붓는다.
4. 병을 밀봉하고 상온에서 식힌다. 냉장고에 넣어 이틀 후 먹는다.

적채피클

적채로 피클을 담으면 보라색이 우러나와 색이 예뻐요. 아삭아삭 씹는 맛도 일품이에요.

재료 적채(보라색 양배추) 1/4통
절임물 물 250㎖, 식초 75㎖, 설탕 60g, 소금 1큰술

1. 적채는 사방 2㎝ 크기로 썬다.
2. 냄비에 물, 식초, 설탕, 소금을 넣고 끓인다.
3. 열소독한 유리병에 적채와 월계수잎을 넣고 뜨거운 절임물을 붓는다.
4. 병을 밀봉한 다음 식힌다. 냉장고에 넣어 이틀 후 먹는다.

연근피클

제철 연근은 피클을 만들어서 갈무리하세요. 샐러리 등을 함께 넣으면 이색 피클이 완성되어요.

재료 연근 1/4개
절임물 물 250㎖, 식초 75㎖, 설탕 60g, 소금 1큰술

1. 연근은 껍질을 벗겨 0.5㎝ 두께로 썰어 식초물에 1시간 담근다.
2. 냄비에 물, 식초, 설탕, 소금을 넣고 끓인다.
3. 열소독한 유리병에 무를 넣고 뜨거운 절임물을 붓는다.
4. 병을 밀봉한 다음 식힌다. 냉장고에 넣어 이틀 후 먹는다.

보기 좋은 음식이 맛도 좋다고 하죠? 인기 만점 캐릭터로 정성껏 만든 도시락은 소풍날 아이에게 더 큰 추억을 만들어준답니다. 색깔밥과 치즈, 소시지 등으로 꾸민 개성 강한 밥 캐릭터 도시락을 소개합니다.

한 입 에 캐 릭 터 도 시 락 **PART 1**

밥 캐릭터 도시락

- 뽀로로와 친구들
- 식빵맨 세트
- 호빵맨과 친구들
- 사과밭 세트
- 키티 세트
- 화난새컵밥 세트
- 기차타고 칙칙폭폭
- 동물 세트
- 추억의 달걀세트
- 꽃밥 세트
- 리락쿠마 세트
- 바바파파 세트

뽀로로와 친구들 뽀로로밥+공룡발바닥+하트소시지

아이들에게 '뽀통령'으로 불리는 국민 캐릭터 뽀로로 도시락입니다. 앙증맞은 메추리알, 소시지 장식으로 주인공을 더 돋보이게 꾸몄어요.

뽀로로밥
공룡발바닥
하트소시지

뽀로로밥

뽀로로는 안경과 뽀로통한 입을 잘 표현해야 캐릭터의 사랑스러움이 배가 됩니다. 당근 대신 오이로 안경을 만들거나 체다치즈 대신 유부로 모자를 만들어도 색다르답니다.

재료 밥 1/2공기(100g), 노란색 체다치즈 1과 1/2장, 막대소시지·당근·김 약간씩

1. 밥은 동글납작하게 만든다. 체다치즈는 3등분해 밥이 따뜻할 때 양쪽 귀를 붙인 뒤 가로로 모자를 붙인다.
2. 막대소시지는 0.5cm 폭으로 썰어 이쑤시개로 양쪽 귀에 연결한다.
3. 체다치즈를 반달 모양으로 잘라 모자챙을 붙이고 김을 잘라 머리와 모자를 장식한다.
4. 도시락통에 잎채소를 깔고 ❸의 뽀로로밥을 담는다. 체다치즈를 타원으로 잘라 밥에 붙인 뒤 이쑤시개로 가운데를 눌러 입을 만든다.
5. 0.1cm 두께로 썬 당근을 동그란 모양틀로 찍은 뒤 테두리를 가위로 오려 안경을 만든다.
6. 핀셋으로 뽀로로 얼굴에 안경을 붙인 뒤 자투리 당근을 잘라 안경을 연결한다. 김을 오려 눈을 붙인다. 도시락의 남은 공간에 공룡발바닥과 하트소시지를 담는다.

MAKING TIP 식은 밥은 체다치즈를 붙인 뒤 전자레인지에 10초간 조리해 밀착시킨다. 모양틀이 없을 때는 달걀지단을 가위로 오려 안경을 만들거나 토마토케첩으로 안경을 그린다.

공룡발바닥

메추리알은 캐릭터 도시락을 장식할 때 유용한 재료입니다. 크기가 다른 빨대 두 개로 깜찍한 발바닥을 만들 수 있어요.

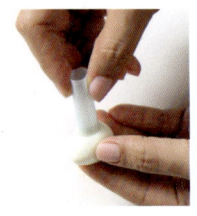 ▶  ▶

재료 깐메추리알 2개, 토마토케첩 약간

1. 깐메추리알의 아래쪽에 큰 빨대로 구멍을 뚫는다.
2. 큰 구멍 위의 라인을 따라 작은 빨대로 구멍을 3개 뚫는다.
3. 약병에 토마토케첩을 담아 뚫은 구멍에 짠다.

MAKING TIP 메추리알에 빨대를 넣고 돌리면서 흰자만 빼야 모양이 예쁘다. 약병은 약국에서 구입하여 사용한다.

하트소시지

비엔나소시지는 자르는 방법에 따라 다양한 모양으로 꾸밀 수 있는 효자 아이템입니다. 도시락의 빈 공간을 채워 장식하세요.

 ▶

재료 비엔나소시지 2개, 옥수수통조림 4알

1. 비엔나소시지는 끓는 물에 40초간 데쳐 사선으로 자른다.
2. 잘린 면을 맞닿게 두고 이쑤시개로 고정한 뒤 양쪽에 옥수수를 하나씩 끼운다.

MAKING TIP 이쑤시개의 양쪽이 뾰족해서 먹다가 찔릴 수 있다. 뾰족한 끝부분은 가위로 자르고 남은 공간에 옥수수나 완두콩을 끼운다.

식빵맨 세트 식빵맨밥+옥수수꽃+새우튀김

하얀 쌀밥과 튀김으로 정갈하게 싼 도시락이 식빵맨 캐릭터의 매력을 잘 살려주는 것 같아요. 튀김 대신 스팸이나 달걀말이 등을 곁들여도 좋아요.

옥수수꽃

새우튀김

식빵맨밥

식빵맨밥

손재주 없는 사람도 쉽게 만들 수 있는 식빵맨밥이에요. 흰밥 위에 후리가케, 김, 햄으로 표정으로만 캐릭터를 표현했습니다. 집에서도 이렇게 밥을 담아 보세요.

재료 밥 1/2공기(100g), 후리가케 2큰술, 김·샌드위치용 햄 약간씩

1. 밥은 식빵맨 모양으로 납작하게 만든다.
2. 접시에 후리가케를 담고 ❶의 가장자리에 후리가케를 붙인다.
3. 김은 펀치로 찍어 밥 위에 핀셋으로 눈, 코, 입을 붙인다.
4. 샌드위치용 햄은 둥근 깍지로 찍어 식빵맨의 양볼에 붙여 완성한다.

MAKING TIP 후리가케가 없을 때는 완숙한 달걀노른자를 체에 내리거나 김가루를 주먹밥 끝부분에 묻혀 머리카락을 표현한다.

옥수수꽃

비엔나소시지는 칼집을 내는 방법에 따라 여러 가지 모양을 만들 수 있어요. 칼집 낸 비엔나소시지에 옥수수를 꽂아 꽃을 표현했습니다.

 ▶  ▶

재료 비엔나소시지 2개, 옥수수통조림 4알, 식용유 약간

MAKING TIP 비엔나소시지는 칼집 낸 부분만 팬에 익히므로 칼로 자르기 전 미리 끓는 물에 데친다.

1. 데친 비엔나소시지는 반으로 잘라 윗면을 반으로 칼집낸 뒤 양쪽 대각선으로 한 번 더 칼집낸다.
2. 달군 프라이팬에 식용유를 두르고 ❶의 칼집 낸 부분을 팬에 대고 살짝 굽는다.
3. 구운 비엔나소시지의 벌어진 부분에 옥수수를 하나씩 끼운다.

새우튀김

도시락 단골 메뉴인 새우튀김입니다. 여유 있게 튀겨두면 도시락 반찬으로 활용하거나 빈 공간을 채우는데 도움이 돼요.

재료 흰다리새우 5마리, 달걀 1/2개, 빵가루 4큰술, 밀가루 2큰술, 소금·후춧가루 약간씩, 식용유 적당량

1. 흰다리새우는 머리와 내장을 손질하고 껍질을 벗겨 흐르는 물에 깨끗하게 씻는다.
2. 손질한 새우에 소금과 후춧가루를 뿌려 밑간한다.
3. 밑간한 새우를 밀가루-달걀물-빵가루 순으로 묻혀 180℃의 식용유에 노릇하게 튀긴다.

호빵맨과 친구들
호빵맨치즈밥+방울토마토바구니+고구마맛탕+작은새+참치샐러드

누구라도 한눈에 반할 호빵맨 도시락이에요. 체다치즈를 감싸 만든 주먹밥은 색이 강렬해 시선을 확 끌어요. 여러 가지 반찬과 장식으로 꾸며 푸짐하답니다.

- 호빵맨치즈밥
- 참치샐러드 P 022 참고
- 고구마맛탕
- 방울토마토바구니
- 작은새 P 017 참고

호빵맨치즈밥

만화 속에서 튀어나온 것 같은 호빵맨이 등장했어요.
체다치즈 대신 컬러 쌀이나 달걀노른자를 사용해
노란색 주먹밥으로 만들어도 좋아요.

재료 흰밥 1/2공기(100g), 노란색 체다치즈 1장, 당근·빨간색 파프리카·소금·참기름·김 약간씩

1. 밥에 소금과 참기름을 약간 넣고 섞은 뒤 둥글납작하게 뭉친다. 밥 가운데 체다치즈를 올린다.
2. ❶을 전자레인지에 10초간 조리해 치즈를 살짝 녹인다.
3. 치즈가 녹으면서 자연스럽게 밥에 감싸지므로 치즈가 굳기 전에 위생장갑을 끼고 모양을 만든다.
4. 김을 펀치로 찍어 눈과 눈썹, 입을 붙인다.
5. 당근과 파프리카를 둥근 모양틀로 찍어 코와 볼을 꾸민다.

MAKING TIP 호빵맨은 코는 크게, 볼은 코보다 작게 만들어야 캐릭터의 생김새가 잘 표현되므로 크기에 신경쓴다.

방울토마토바구니

다양한 채소를 먹이고 싶은 마음을 담아 바구니를 만들었습니다. 단단한 방울토마토를 사용해야 바구니가 튼튼해요.

 ▶

재료 방울토마토 2개, 브로콜리·콜리플라워 1송이, 소금 약간

1. 브로콜리는 끓는 물에 소금을 넣고 데쳐 찬물에 헹군다. 데친 브로콜리와 콜리플라워는 작은 송이로 자른다.
2. 방울토마토는 꼭지를 떼고 가운데 기둥을 남기고 'L'자로 칼집을 넣어 양쪽을 자른다.
3. ❷의 바구니에 브로콜리와 콜리플라워를 꽂아 완성한다.

MAKING TIP 브로콜리와 콜리플라워는 끝을 뾰족하게 잘라야 방울토마토에 쉽게 꽂을 수 있다.

고구마맛탕

기름에서 처음부터 익히는 고구마맛탕이에요. 따로 시럽을 만들지 않아도 되어 한 번에 완성할 수 있어요.

재료 고구마 1개, 설탕 2큰술, 식용유 적당량

1. 고구마는 껍질을 벗겨 손톱 크기로 작게 썰어 냄비에 담는다.
2. ❶에 설탕을 넣고 버무린 다음 고구마가 잠기도록 식용유를 붓는다.
3. 중간 불에서 고구마가 갈색이 날 때까지 저어가며 튀긴다.
4. 튀긴 고구마를 종이포일에 올려 식힌 뒤 도시락에 담는다.

사과밭 세트 사과밥+눈망울완자+달걀꽃

도시락 속에 가을 사과밭을 표현했어요.
싱그러운 잎 채소와 사과밥, 고기완자의 컬러가
대비되어 식욕을 자극합니다.

달걀꽃
눈망울완자
사과밥

사과밥

시판 핑크 쌀을 이용해 만든 사과밥은 색이 너무 고와요. 컬러 쌀로 밥을 지어 여러 가지 과일을 만들어 보세요.

재료 핑크밥 1/2공기(100g), 참치통조림 150g, 다진 양파 3큰술, 마요네즈 2큰술, 파스타 1줄, 식용유 적당량, 상추 약간

1. 참치는 체에 밭쳐 기름을 빼고 포크로 부순 뒤 다진 양파와 마요네즈를 넣어 고루 버무린다.
2. 핑크밥은 둥글게 만든 뒤 가운데를 파서 ❶을 넣는다.
3. 참치가 보이지 않도록 감싼 뒤 손으로 눌러 사과 꼭지 모양을 만든다.
4. 180℃로 달군 식용유에 파스타를 튀긴다. 파스타를 잘라 주먹밥에 끼워 사과 꼭지를 만든다.
5. 상추나 로메인을 나뭇잎 모양으로 잘라 ❹에 끼운다.
6. 도시락통에 상추나 겨자잎을 깔고 양쪽 끝에 사과밥을 놓는다. 가운데 고기완자를 담고 남은 공간에 달걀꽃을 채운다.

MAKING TIP 다른 반찬 없이 사과밥만 도시락통에 담을 때는 김을 펀치로 찍어 눈을 만들거나 당근이나 파프리카로 입과 볼 표정을 만들어 밥에 붙인다.

눈망울완자

귀여운 사과밥에 영양 만점 고기완자를 곁들여
보세요. 반찬으로도 좋고 장난기 가득한 눈망울이
시선을 사로잡아요.

재료 다진 우둔살 120g, 두부 50g, 밀가루·식용유 적당량씩, 흰색
체다치즈·김·빨간색 파프리카 약간씩
양념 다진 마늘 1큰술, 다진 파·간장 2작은술씩, 설탕·매실청 1작은술씩,
소금·후춧가루·참기름 약간씩

MAKING TIP 체다치즈를 반 접어서 비닐을 벗기지 말고 접힌 면에 촘촘하게 가위집을 내고 완자 테두리에 둘러도 예쁘다.

1. 두부는 칼로 으깨서 면포에 넣어 물기를 꼭 짠다. 볼에 우둔살과 두부, 분량의 양념을 넣고 치댄다.
2. ❶을 지름 3cm 크기로 동글게 뭉친 뒤 밀가루에 굴린다.
3. 달군 프라이팬에 식용유를 살짝 두르고 완자를 굴려가며 익힌다.
4. 체다치즈는 동그란 모양틀로 찍어 ❸에 붙인다.
5. 김을 펀치로 찍어 체다치즈 위에 붙인다.
6. 파프리카를 리본 모양으로 오려 눈 위에 붙인다.

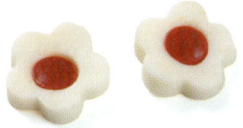

달걀꽃

달걀흰자는 부드러워
모양틀로 찍기 좋아요.
다양한 틀로 찍어
도시락을 장식하세요.

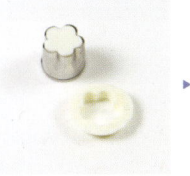  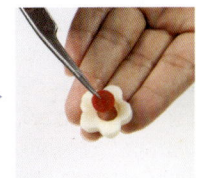

재료 삶은 달걀흰자·파프리카 약간씩

1. 삶은 달걀은 흰자만 잘라 꽃 모양틀로 찍는다.
2. ❶의 가운데를 동그란 모양틀로 찍는다.
3. 파프리카를 동그란 모양틀로 찍은 뒤 ❷의 달걀꽃 가운데 넣는다.

MAKING TIP 파프리카 대신 달걀노른자를 체에 내린 것을 넣어 달걀꽃 가운데를 장식해도 된다.

키티 세트 적채샐러드+키티오므라이스+오이피클

자주 해먹는 오므라이스의 달걀지단은 캐릭터를 표현하기
참 좋아요. 오늘은 사랑스러운 키티로 만들어 봤습니다.
도시락통의 남은 공간은 채소와 과일을 채워 장식했어요.

오이피클
P 024 참고

적채샐러드

키티오므라이스

적채샐러드

도시락을 먹음직스럽게 돋보이게 해주는 샐러드예요.
드레싱에 키위를 넣어 새콤달콤해요.

재료 적채 1/4개, 키위 1개, 올리브오일 3큰술, 설탕 1작은술, 레몬즙 1/2작은술, 소금 약간

1. 적채는 채칼로 가늘게 썬다.
2. 믹서에 키위와 설탕, 레몬즙, 소금을 넣고 간 뒤 올리브오일과 섞어 드레싱을 만든다.
3. 채썬 적채 위에 드레싱을 뿌린다.

키티오므라이스

흰색 달걀지단으로 키티 얼굴을 귀엽게 표현했어요.
도시락뿐만 아니라 캐릭터 접시로 종종 활용하면 좋아요.

재료 달걀 3개, 샌드위치용 햄·체다치즈·김 약간씩
볶음밥 밥 1공기(200g), 다진 우둔살 25g, 양파 1/4개, 당근·애호박·파프리카 15g씩, 식용유 적당량, 소금·후춧가루·토마토케첩 약간씩

1. 양파, 당근, 애호박, 파프리카는 잘게 다진다. 달군 팬에 식용유를 두르고 우둔살을 볶다가 채소를 넣어 볶는다.
2. ❶에 밥을 넣고 볶다가 소금, 후춧가루, 토마토케첩으로 간해 볶음밥을 완성한다.
3. 달걀 2개는 체에 내려 알끈과 난막을 제거한다. 남은 달걀 1개는 노른자와 흰자를 분리한다.
4. 달군 팬에 달걀물을 부어 지단을 부친다. 앞면이 익으면 불을 끄고 뒤집는다.
5. 지단이 따뜻할 때 오므라이스틀에 지단을 깔고 볶음밥을 넣고 숟가락으로 잘 눌러 담는다.
6. 틀 밖으로 나온 지단을 오므려 숟가락으로 누른 뒤 꺼낸다.
7. 흰자로 부친 지단을 모양틀로 찍어 키티 얼굴을 만든다.
8. 도시락통에 상추를 채운 뒤 오므라이스의 볼록한 부분이 위로 오도록 담고 키티 얼굴을 올린다.
9. 샌드위치용 햄을 오려 리본을 만든다. 체다치즈는 껍질째 가위로 오려 코를 만든다. 김을 펀치로 찍어 수염을 만든다.
10. 도시락통의 모서리 공간에 적채샐러드와 반 자른 청포도, 오이피클을 각각 담는다.

MAKING TIP 달걀지단을 너무 두껍게 부치면 모양을 만들기 어렵다. 얇게 부친 지단을 식기 전에 틀에 넣어 밥과 매끈하게 붙도록 한다.

화난새컵밥 세트 화난새컵밥+블록햄+원숭이고로케+콩자반

요즘 유행하는 컵밥에서 아이디어를 얻어 도시락을
싸봤어요. 흰밥 위에 화난새의 짓궂은 표정을 표현하고
반찬 도시락은 따로 담았어요.

화난새컵밥

원숭이고로케

블록햄

콩자반
P 020 참고

화난새컵밥

도시락에 반드시 밥과 반찬을 함께 담을 필요는 없어요.
컵밥에 개성 가득한 표정만 그려서 개성을 살렸어요.

재료 흰밥 1/2공기(100g), 흰색 체다치즈·샌드위치용 햄·김 약간씩

1. 컵에 밥을 담은 뒤 숟가락으로 윗면을 고르게 눌러준다.
2. 체다치즈 위에 김을 붙인 뒤 가위로 오린다. 그 위에 김을 펀치로 찍어 눈을 붙인다.
3. 하트 모양틀로 샌드위치용 햄을 찍어 밥 위에 거꾸로 붙인 뒤 김을 펀치로 찍어 장식한다.

MAKING TIP 밥 윗면을 평평하게 해야 눈, 코, 입을 장식하기 편하다.

블록햄

빨대로 구멍을 내는 아이디어로 블록을 표현할 수 있어요.
막대치즈나 달걀도 만들어 보세요.

재료 둥근 햄

1. 둥근 햄은 1cm 폭으로 썰어 양쪽 귀퉁이는 제외하고 직사각형 모양으로 만든다.
2. 작은 빨대로 구멍을 6개 뚫어 그 구멍 위에 뺀 햄을 올린다.

MAKING TIP 가는 빨대로 햄을 찍은 뒤 손톱으로 짜서 뺀다. 막대치즈를 이용해도 좋다.

원숭이고로케

맛도 좋고 생김새도 호감 가는 감자고로케예요.
컵밥은 물론 주먹밥이나 김밥 등 어디에나
잘 어울리는 메뉴입니다.

재료 감자 1개, 마요네즈 2큰술, 다진 양파 1큰술, 다진 당근 2작은술, 설탕 1/2작은술,
소금 1/5작은술, 달걀 1개, 빵가루 5큰술. 밀가루 3큰술, 식용유 적당량, 노란색
체다치즈·김·샌드위치용 햄 약간씩

1. 감자는 껍질을 벗겨 삶은 뒤 뜨거울 때 으깬다. 다진 양파와 당근을 넣고 섞는다.
2. ❶에 마요네즈와 설탕, 소금을 넣고 버무린 뒤 냉장고에 잠시 두었다 동그랗게 빚는다.
3. ❷를 밀가루 → 달걀물 → 빵가루 순으로 묻혀 180℃의 식용유에서 노릇하게 튀긴다.
4. 샌드위치용 햄을 잘라 귀를 만든다.
5. 튀긴 고로케의 양쪽에 칼집을 내 ❹의 햄을 끼운다.
6. 체다치즈를 하트 모양틀로 찍어 고로케에 붙인다.
7. 김을 펀치로 찍어 눈과 입을 장식한다.

MAKING TIP 고로케가 뜨거울 때 치즈를 올리면 마요네즈를 바르지 않아도 열기로 인해 잘 붙는다.
으깬 감자는 차갑게 두어야 모양을 만들기 쉽다.

기차타고 칙칙폭폭
기차밥+병정소시지+동물친구+연근조림

그림책 속 한 장면을 떠올리며 만든 도시락이에요.
달걀지단으로 만든 기차와 개성 만점 캐릭터가
웃음 짓게 만듭니다.

연근조림
P 020 참고

병정소시지

동물친구

기차밥

기차밥

손재주 없는 사람도 쉽게 만들 수 있는 달걀초밥으로 멋진 기차를 완성했어요. 김을 잘라 창문을 만들고 당근을 모양틀로 찍어 바퀴를 표현했어요.

재료 흰밥 1/2공기(100g), 달걀 1개, 소금·식용유·당근·김 약간씩

1. 달걀은 잘 풀어 체에 내린다. 달군 팬에 식용유를 두르고 키친타월로 살짝 닦는다. 달걀물을 부어 약한 불에서 지단을 부친다.
2. 밥은 미니 초밥틀로 3개 찍는다.
3. 달걀지단을 초밥 폭으로 잘라 밥에 두른다.
4. 당근은 0.1cm 두께로 썰어 동그란 모양틀로 찍는다. 이쑤시개로 가운데를 찔러 ❸에 고정시켜 바퀴를 붙인다.
5. 김을 가위로 잘라 기차의 창문을 붙인다.
6. 도시락에 상추를 깔고 달걀초밥의 이쑤시개 부분을 상추에 비스듬이 꽂아 고정시킨다.
7. 기차 위에 병정소시지를 꽂은 뒤 양 옆 공간에 동물친구를 넣는다.

MAKING TIP 도시락을 쌀 때는 크기가 큰 것부터 배치한 뒤 작은 것을 넣어야 한다. 기차밥의 위치를 잡고 병정소시지를 꽂아서 고정시킨다.

병정소시지

도시락의 곁들임 메뉴로 좋고 밥 위에 놓기만 해도 폼 나는 병정소시지입니다. 김 펀치로 다양한 표정을 만들어 보세요.

재료 비엔나소시지 2개, 막대치즈 1/2개, 김·검은깨 적당량

1. 비엔나소시지는 반으로 썰고 막대치즈는 1cm 폭으로 썬다. 이쑤시개에 소시지, 막대치즈, 소시지 순으로 꽂는다.
2. 검은깨로 눈을, 김을 펀치로 찍어 입과 머리카락을 장식한다.

MAKING TIP 양쪽 끝이 뾰족한 꼬치로 병정소시지를 만들면 아이가 먹다가 다칠 수 있다. 한쪽에 술이 달린 이쑤시개를 이용한다.

동물친구

체다치즈를 오리는 모양을 달리해 강아지와 돼지를 표현할 수 있습니다. 표정이 귀여운 동물 친구를 소개할게요.

재료 깐메추리알 2개, 당근·체다치즈·검은깨 약간씩

1. 얇게 슬라이스한 당근은 별 모양틀로 찍는다. 칼로 끝을 뾰족하게 잘라 귀를 만든다.
2. 깐메추리알에 검은깨로 눈을 박은 뒤 양쪽 귀에 칼집을 내 당근을 꽂는다.
3. 체다치즈를 모양틀로 찍어 입을 붙인 뒤 검은깨로 장식한다.

MAKING TIP 메추리알이 부드러워 깨는 그냥 끼워지지만 당근은 끝을 뾰족하게 만들어야 칼집없이 꽂힌다.

동물 세트 병아리밥+개구리밥+꿀벌달걀말이

채소를 오리고 붙여 만드는 초간단 도시락이에요.
아이와 같이 만들어 완성하는 재미를 느껴 보세요.

꿀벌달걀말이
병아리밥
개구리밥

병아리밥

보슬보슬 빛깔 고운 달걀노른자밥에 빨간 리본 머리 장식으로
귀여움을 더했어요. 보기도 귀엽고 영양 만점입니다.

재료 밥 1/2공기(100g), 삶은 달걀노른자 1/2개, 소금·참기름·당근·빨간색 파프리카·김 약간씩

1. 삶은 달걀노른자는 꾹꾹 누르듯이 체에 내린다.
2. 밥은 소금과 참기름으로 간하여 타원 모양으로 빚는다. ❶에 앞뒤로 묻힌다.
3. 파프리카는 끝부분의 모양을 살려 자른 뒤 ❷에 붙인다.
   김을 펀치로 찍어 눈을 붙이고 당근을 오려 장식한다.

MAKING TIP 주먹밥에 달걀가루를 겉만 굴리면 보송보송한 질감이 살아 예쁘다. 리본은 파프리카 끝의 둥근 부분을 활용한다.

개구리밥

미술시간처럼 깻잎을 오리고 고추를 잘라 붙여 개구리밥을
만들었어요. 아이와 함께 자유롭게 여러 가지 캐릭터를 만드세요.

재료 초록밥 1/2공기(100g), 깻잎 1장, 오이고추 1/2개, 소금·참기름·김·흰색 체다치즈 약간씩

1. 초록밥은 소금, 참기름으로 간하여 둥글게 뭉친다.
2. 초록밥 위에 깻잎을 둥글게 잘라 올린다.
3. 체다치즈를 반달 모양으로 잘라 입을 붙인다.
4. 오이고추를 1cm 두께로 썬 뒤 김을 펀치로 찍어 눈을 붙인다.

MAKING TIP 아이가 깻잎을 싫어한다면 상추나 로메인을 대신 사용해도 좋다.

꿀벌달걀말이

부드럽고 촉촉한 달걀말이를 김과 치즈로
장식해 꿀벌을 만들었어요. 집에서 아이 밥을
차려줄 때도 활용하세요.

재료 달걀 1개, 소금·흰색 체다치즈·김·검은깨·토마토케첩 약간씩

1. 달걀은 고루 풀어 체에 내린다. 달군 팬에 달걀물을 붓는다. 달걀이 완전히 익기 전에 돌돌 말아 식기 전에 김발에 말아 모양을 잡는다.
2. 달걀말이는 한김 식혀서 1cm 폭으로 썬다.
3. 김을 가늘게 잘라 마요네즈를 발라 달걀말이에 2줄 붙인다.
4. 검은깨로 눈을 붙인다.
5. 체다치즈는 하트 모양틀 끝부분으로 찍어 날개를 만든다.
6. 토마토케첩을 짜서 볼을 표현한다.

MAKING TIP 달걀말이는 한김 식었을 때 썰어야 부서지지 않는다. 하트틀이 없을 경우 껍질을 벗기지 않은 체다치즈에 네임펜으로 그림을 그려 가위로 자른다.

추억의 달걀세트 아이러브유밥+소년소녀소시지+방울토마토바구니

어릴 적 엄마가 싸주던 추억의 도시락을 오늘의
감성으로 표현해봤어요. 모양틀로 구멍을 뚫거나
글자를 오려도 색다릅니다.

소년소녀소시지

방울토마토바구니
P 036 참고

아이러브유밥

아이러브유밥

특별할 것 없는 볶음밥에 지단 장식으로 엄마의 사랑을 담아봤어요. 달걀지단은 도시락 틀에 찍어도 찢어지지 않도록 두껍게 부쳐야 합니다.

재료 밥 1공기(200g), 달걀 1개, 당근·호박·양파 50g씩, 햄 30g, 굴소스 1작은술, 식용유·소금·후춧가루·토마토케첩 약간씩

1. 당근, 호박, 양파, 햄은 모두 잘게 다진다.
2. 달군 팬에 식용유를 두르고 ❶을 모두 넣고 볶다가 양파가 투명해지면 밥을 넣고 고루 볶는다.
3. 볶음밥에 굴소스와 소금, 후춧가루를 넣고 간한다.
4. 달걀은 젓가락으로 풀어 체에 내린 뒤 소금으로 간한다. 프라이팬에 식용유를 두르고 약한 불에서 달걀물을 부어 지단을 부친다.
5. 칸막이가 있는 도시락통에 볶음밥을 담고 달걀지단을 올린 뒤 손바닥으로 눌러 틀 모양대로 자른다.
6. 자른 달걀지단은 하트 모양틀을 찍어 구멍을 낸다.
7. 볶음밥 위에 달걀지단을 올리고 토마토케첩으로 I와 U를 쓴다.

MAKING TIP 달걀지단의 색깔이 선명해야 보기 좋고 맛있어 보인다. 추가로 달걀노른자만 1개 더 넣어 지단을 부치면 색이 곱다.

소년소녀소시지

비엔나소시지를 반 잘라 방향만 바꿨을 뿐인데 귀여운 소년, 소녀 커플이 만들어졌어요. 김 펀치로 다양한 표정을 표현하세요.

 ▶  ▶

재료 비엔나소시지 2개, 김 약간

1. 비엔나소시지는 끓는 물에 살짝 데친 뒤 반으로 자른다.
2. 이쑤시개에 얼굴과 몸통을 끼운다.
3. 이쑤시개 끝은 가위집을 어슷어슷 내서 길이에 맞게 자른다.
4. 김을 펀치로 찍어 눈과 입, 머리카락, 나비넥타이를 붙인다.

MAKING TIP 나비넥타이를 만들기 어렵다면 원을 작게 오린 뒤 반을 잘라 연결해 붙인다.

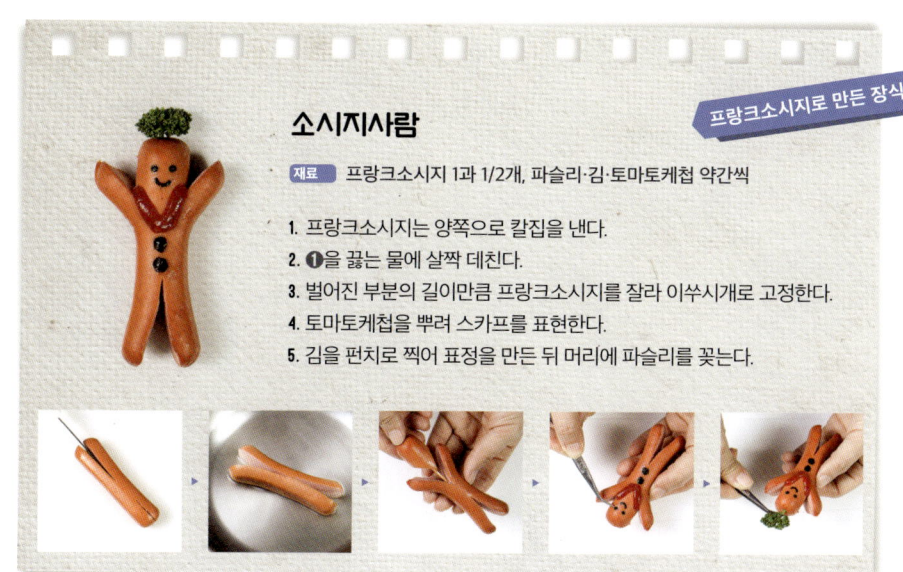

소시지사람

프랑크소시지로 만든 장식

재료 프랑크소시지 1과 1/2개, 파슬리·김·토마토케첩 약간씩

1. 프랑크소시지는 양쪽으로 칼집을 낸다.
2. ❶을 끓는 물에 살짝 데친다.
3. 벌어진 부분의 길이만큼 프랑크소시지를 잘라 이쑤시개로 고정한다.
4. 토마토케첩을 뿌려 스카프를 표현한다.
5. 김을 펀치로 찍어 표정을 만든 뒤 머리에 파슬리를 꽂는다.

꽃밥 세트 꽃밥+과일친구+꿀벌달걀말이

공을 많이 들이지 않아도 쉽고 간단하게 쌀 수 있는 도시락을 소개할게요. 컬러 주먹밥을 한 입 크기로 작게 뭉쳐 도시락통 안에 꽃 모양으로 배치했습니다.

꽃밥

과일친구

꿀벌달걀말이
P 050 참고

꽃밥

컬러밥으로 꽃을 만들어 새 한마리가 앉아있는 것처럼 꾸몄어요.
흰밥에 다진 소고기 등을 넣어 주먹밥을 만들어도 좋아요.

재료 흰밥·노란밥 1/4공기(50g)씩, 소금·참기름·검은깨·노란색 체다치즈·빨간색 파프리카·당근 약간씩

1. 위생장갑을 끼고 흰밥을 둥글게 모양을 잡아 주먹밥을 만든다. 노란밥은 소금, 참기름으로 간한 뒤 작고 동그랗게 뭉친다.
2. 체다치즈는 비닐째 네임펜으로 새를 그린 뒤 가위로 자른다. 검은깨를 붙여 눈을 만든다.
3. 0.1cm 두께로 썬 당근은 가위로 잘라 치즈에 붙여 새 날개를 만든다. 파프리카를 잘라 부리를 만든다.
4. ❶의 흰밥 위에 새를 올린다. 도시락통에 잎 채소를 깐 뒤 흰밥을 올리고 테두리를 노란밥으로 두른다.

MAKING TIP 주먹밥을 빚을 때 위생장갑을 끼거나 맨손에 물을 묻히고 동글려야 손에 붙지 않는다.

과일친구

과일은 칼로 모양을 만들기가 쉽지 않아요. 스쿱을 활용해 아기자기한 모양을 만들어 보세요. 봄철엔 사과 대신 딸기와 바나나를 활용하세요.

재료 수박 60g, 사과 20g, 검은깨·민트잎 약간씩

1. 큰 스쿱으로 수박을 판 뒤 작은 스쿱으로 파낸다.
2. 작은 스쿱으로 사과를 판다.
3. ❶의 구멍에 파낸 사과를 속이 보이도록 끼운다.
4. 검은깨로 눈을, 김을 잘라 입을 장식한 뒤 민트잎을 붙인다.

MAKING TIP 스쿱이 없을 때는 계량스푼을 활용한다. 딸기와 바나나로 만들 때는 딸기 꼭지를 오려 머리카락을 표현한다.

리락쿠마 세트 찬밥고로케+달걀김말이

김밥 재료를 준비하지 못했을 때 냉장고 속 자투리 재료로 뚝딱 만들 수 있는 찬밥고로케와 달걀김말이 도시락이에요. 온가족이 좋아하는 메뉴입니다.

찬밥고로케

달걀김말이

찬밥고로케

찬밥고로케는 매력적인 도시락 메뉴예요.
튀김이 식기 전에 얼굴을 꾸미세요.

재료 찬밥 1공기(200g), 노란색 체다치즈 1장, 당근·피망·양파 1/4개씩, 햄 15g, 김·소금·후춧가루 약간씩, 달걀 1개, 빵가루 5큰술, 밀가루 4큰술, 식용유 적당량

1. 당근과 피망, 양파, 햄은 잘게 다진다. 달군 팬에 식용유를 두르고 다진 채소와 햄을 넣고 볶다가 밥을 넣고 소금, 후춧가루로 간한다.
2. 볶음밥을 큰 동그라미 1개, 작은 타원형 1개로 만든 뒤 밀가루→달걀물→빵가루 순서로 묻혀 180℃의 식용유에 튀긴다.
3. 작은 타원형 튀김은 반으로 자르고 이쑤시개를 꽂아 큰 튀김 양쪽에 붙인다.
4. 체다치즈를 모양틀로 찍어 입과 귀를 붙인다. 김은 펀치로 찍어 눈과 입을 만든다.

MAKING TIP 고로케는 찬밥으로 만들어야 간이 더 잘 배 맛있다. 즉석밥을 이용할 때는 데우지 말고 바로 볶는다.

달걀김말이

달걀말이는 남녀노소 누구나 좋아하는 도시락 반찬이에요.
짭조름한 조미김을 넣고 돌돌 말아 단면도 예쁘고 맛도 끝내줘요.

재료 달걀 1개, 김 1/2장, 소금·식용유 약간씩

1. 달걀은 체에 내린 뒤 소금으로 간한다. 프라이팬에 식용유를 두르고 약한 불에서 달걀물을 부어 부친다.
2. 달걀물이 반쯤 익었을 때 지단 위에 김을 올리고 돌돌 말아준다.
3. 달걀말이는 1cm 폭으로 썬다.
4. 썬 달걀말이는 이쑤시개로 고정한다.

MAKING TIP 달걀지단을 너무 두껍게 구우면 말면서 깨지므로 얇게 부친다.

바바파파 세트 돈가스막대밥+무피클

아이들이 좋아하는 돈가스를 특색 있는 모양으로
만들어 봤어요. 밥 위에 바바파파 돈가스를 올리고
가장자리를 콩이나 채소 등으로 꾸며도 멋져요.

돈가스막대밥

무피클
P 024 참고

돈가스막대밥

아이가 한 손에 잡고 먹기 좋은 돈가스막대밥입니다.
칼보다 가위로 고기를 오려야 모양잡기가 쉬워요.

 ▶  ▶

 ▶  ▶

재료 밥 1/2공기(100g), 흰색 체다치즈·김·돈가스소스 약간씩
돈가스 1쪽 돼지고기 안심 150g, 소금·후춧가루·밀가루 약간씩, 달걀 1개, 빵가루 1컵, 밀가루 1/2컵, 식용유 적당량

1. 돼지고기는 칼등으로 두드려서 얇게 편 다음 소금과 후춧가루로 간한다. 가위로 바바파파 모양으로 자른다.
2. ❶을 밀가루 → 달걀물 → 빵가루 순서로 묻혀 180℃의 식용유에 노릇하게 튀긴다.
3. 튀김의 아랫부분에 막대를 끼운다.
4. 체다치즈는 모양틀로 찍어 붙여 눈을 만들고 그 위에 펀치로 찍은 김을 붙인다.
5. 김을 반달 모양으로 잘라 입을 만든다. 도시락통에 밥을 담고 바바파파 튀김을 올린다.

MAKING TIP 돼지고기는 칼등으로 두드려 펴주거나 칼집을 내야 튀겼을 때 오그라들지 않는다.

밥처럼 든든하고 영양까지 챙긴 빵 캐릭터 도시락을
소개할게요. 동네 베이커리에서 쉽게 구입할 수 있는 식빵과
모닝빵으로 호감 돋는 메뉴를 완성해 보세요. 아이와 함께
도시락을 싸면서 미술놀이를 함께 해도 좋아요.

한입에캐릭터도시락 PART 2

빵 캐릭터 도시락

- 타요샌드위치
- 스펀지밥 세트
- 돼지하와이언샌드위치
- 다람쥐햄버거 세트
- 왕관핫도그
- 토끼샌드위치
- 곰돌이소시지롤
- 달팽이빵
- 지퍼백샌드위치

타요샌드위치

아이들이 좋아하는 타요 친구를 만들었어요. 샌드위치 위에 체다치즈를 붙여 꾸미는 방식으로 엄마와 아이가 함께 해도 좋아요. 식재료를 달리해 로기와 가니도 만들어 보세요.

재료 식빵 2장, 감자 1개, 사과 1/2개, 양파·오이 1/4개씩, 노란색 체다치즈 1장, 마요네즈 2큰술, 소금·후춧가루·흰색 체다치즈·당근·샌드위치용 햄·김 약간씩

1. 감자는 껍질을 벗기고 삶아서 뜨거울 때 으깬다.
2. 사과는 곱게 채 썬다. 양파와 오이는 채 썰어 소금에 살짝 절인 뒤 물기를 짠다.
3. 볼에 손질한 재료를 모두 넣고 마요네즈, 소금, 후춧가루로 간한다.
4. 식빵 위에 ❸의 속재료를 3큰술 넣고 그 위에 식빵을 덮는다.
5. 샌드위치 커터기로 테두리를 자른다.
6. 빵 윗면에 사진과 같이 노란색과 흰색 체다치즈를 오려서 올린 뒤 전자레인지에 10초간 조리해 붙인다. 그 위에 김을 붙이고 샌드위치용 햄을 오려 장식한다.
7. 가위로 오린 김을 마요네즈로 붙여 눈썹을 완성한다.

MAKING TIP 속재료를 너무 많이 넣거나 네모낳게 넣으면 식빵 밖으로 튀어나온다. 식빵의 한가운데 속재료를 둥글게 넣고 모양틀로 찍는다.

스펀지밥 세트 프렌치프라이+스펀지밥샌드위치

스펀지밥은 최고의 인기 캐릭터예요. 보통 노란주먹밥으로 만드는데 샌드위치 위에 치즈를 얹어 캐릭터의 익살스러움을 더 도드라지게 표현했어요. 프렌치프라이를 곁들여 브런치 메뉴로도 손색없어요.

스펀지밥샌드위치 　프렌치프라이

프렌치프라이

낮은 불에서 처음부터 감자를 넣고 튀겨 바삭바삭한 감자튀김이에요.
평소 어린이집에 다녀온 아이 간식으로 준비해도 좋아요.

재료 감자 1개, 식용유 적당량, 소금 약간

1. 감자는 껍질째 씻어 0.5㎝ 두께로 채 썰어 찬물에 담근다.
2. 냄비에 물기를 제거한 감자를 담고 감자가 잠길 정도로 식용유를 부어 160℃에서 바삭하게 튀긴다.
3. 소금을 뿌려 완성한다.

MAKING TIP 불을 켜지 않은 상태에서 감자를 넣고 160℃에서 끓이듯이 오래 익히는 감자튀김이다.

스펀지밥샌드위치

아이들이 좋아하는 체다치즈에 빨대로 구멍을 뚫는 간단한 방법으로 스펀지밥을 만들어 봤어요. 체다치즈 대신 달걀지단을 활용해도 된답니다.

재료 식빵·로메인 2장씩, 토마토 슬라이스 1조각, 샌드위치용 햄·노란색 체다치즈 1장씩, 허니머스터드 소스 2큰술, 흰색 체다치즈·상추·김 약간씩

1. 식빵 한쪽에 허니머스터드 소스를 바른다.
2. 빵 위에 로메인 → 슬라이스한 토마토 → 샌드위치용 햄 순서로 올린다. 다른 식빵 안쪽에 남은 허니머스터드 소스를 바른 뒤 덮는다.
3. 노란색 체다치즈는 동그란 모양틀로 찍어 눈을 만든다.
4. 동그란 모양틀로 체다치즈 가장자리를 반만 찍어 모양을 내고 중간 중간 빨대로 구멍을 내 스펀지밥 얼굴을 꾸민다.
5. 작은 크기의 동그란 모양틀로 상추를 찍는다. ❸의 모양틀로 흰색 체다치즈를 찍은 뒤 상추를 찍은 모양으로 구멍을 내 상추를 붙인다.
6. ❺에 김을 오려 붙인 뒤 ❹의 구멍에 끼워 넣는다.
7. ❶ 위에 ❻을 올리고 김을 가로로 오려 눈썹과 입을 만든다. 체다치즈와 샌드위치용 햄을 잘라 입을 장식한다.
8. 칼로 식빵 테두리를 자른 뒤 ❷의 샌드위치 위에 올린다.

MAKING TIP 둥근 모양틀이 없으면 굵은 빨대나 병뚜껑을 이용한다. 긴 빨대는 가로로 짧게 잘라서 사용한다.

돼지하와이언샌드위치

한 입에 쏙 들어가는 핑거 샌드위치를 만들었어요.
샌드위치의 단면에 표정을 꾸며서 귀여워요. 파인애플과
스팸의 이색적인 조합이 의외로 잘 어울려요.

재료 샌드위치용 식빵 2장, 스팸 1/4개, 파인애플통조림 슬라이스 1조각,
흰색 체다치즈·김·검은깨 약간씩

1. 스팸은 1cm 두께로 썰어 끓는 물에 살짝 데쳐 건진다.
2. 샌드위치용 식빵은 테두리를 자르고 4등분한다.
3. 빵 위에 스팸과 파인애플을 올린 뒤 빵으로 덮는다.
4. ❸을 칼로 반 잘라 이쑤시개로 고정한다.
5. 김을 펀치로 찍어 스팸 단면에 눈을 붙인다.
6. 가위로 체다치즈를 잘라 코를 만든 뒤 검은깨를 붙인다.

MAKING TIP 파인애플 대신 사과를 사용해도 좋다. 사과는 설탕물에 잠깐 넣었다가 빼서
사용하면 갈변되지 않는다.

다람쥐햄버거 세트 매시포테이토+다람쥐햄버거

번거로워보여도 조금만 정성을 들이면 건강한 햄버거 도시락을 쌀 수 있어요. 다람쥐로 변신한 미니 햄버거와 매시포테이토로 아이 마음을 사로잡으세요.

매시포테이토
다람쥐햄버거

매시포테이토

수미 감자로 만들면 더 맛있는 매시포테이토입니다.
베이컨이나 당근, 양파 등을 잘게 다져 넣어도 맛있어요.

재료 감자 1개, 우유 4큰술, 버터 1큰술, 소금·후춧가루 적당량씩

1. 감자는 껍질을 벗긴 뒤 작게 썰어 끓는 물에 소금을 넣고 삶는다.
2. 감자가 익으면 남은 물을 따라 버리고 강한 불에서 감자 전분이 팬에 묻을 때까지 수분을 날려 포크로 으깬다.
3. 감자가 뜨거울 때 버터를 넣어 녹인 뒤 우유를 넣고 섞어 소금, 후춧가루로 간한다.
4. ❸을 짤주머니에 넣어 유산지에 짠다.

다람쥐햄버거

대표적인 간식 메뉴 햄버거를 날쌘 다람쥐로 변신시켰어요. 체다치즈를 오려서 얼굴을 만드는 아이디어를 밥 도시락에도 활용하세요.

재료 모닝빵 1개, 로메인·노란색 체다치즈·흰색 체다치즈·샌드위치용 햄 1장씩, 토마토 슬라이스 1조각, 김·식용유 약간씩
패티 다진 소고기 400g, 다진 돼지고기 200g, 빵가루 100g, 양파 1개, 샐러리 80g, 버터 2큰술, 소금 1작은술, 후춧가루 약간
소스 물 5큰술, 토마토케첩·돈가스소스 4큰술씩, 월계수잎 1장

1. 양파는 잘게 다진다. 달군 팬에 버터를 녹이고 양파가 투명해질 때까지 충분히 볶는다.
2. 볼에 소고기, 돼지고기, 빵가루를 담고 볶은 양파와 소금, 후춧가루를 넣어 섞는다. 작은 크기로 떼어 치대며 둥글납작하게 패티를 만든다.
3. 달군 팬에 식용유를 두른 뒤 강한 불에서 ❷를 굽다가 뚜껑을 덮어 약한 불에서 5~7분간 굽는다.
4. 다른 팬에 분량의 소스 재료를 넣고 저으며 강한 불에서 졸인다.
5. 모닝빵을 반으로 잘라 모닝빵의 윗면은 가장자리를 1/3 정도 오린다.
6. 로메인 → 토마토 → 패티 순으로 올리고 소스를 바른다.
7. 노란색 체다치즈는 껍질째 사진처럼 귀와 머리를 네임펜으로 그려 가위로 오린다.
8. ❻에 귀 모양으로 자른 체다치즈를 올린 뒤 모닝빵 윗면에 머리 모양 체다치즈를 덮는다.
9. 흰색 체다치즈를 동그랗게 잘라 눈을 붙인다.
10. 김은 펀치로 찍어 체다치즈 위에 붙여 눈동자와 코를 만든다.

MAKING TIP 모닝빵 위에 체다치즈를 얹고 전자레인지에 10초간 가열하거나 프라이팬에 올려 살짝 구우면 치즈가 녹아서 자연스럽게 붙는다. 너무 오래 가열하면 치즈가 녹아내릴 수 있으므로 주의한다.

왕관핫도그

요리 솜씨가 없는 사랑도 쉽고 빠르게 만들 수 있는 핫도그예요. 프랑크소시지를 도화지 삼아 재료를 오리고 붙여 코믹하게 꾸며봤어요.

재료 핫도그용 빵·프랑크소시지 1개씩, 로메인·흰색 체다치즈 1장씩, 완두콩 1개, 다진 오이피클 1큰술, 김·샌드위치용 햄·토마토케첩 약간씩

1. 동그란 모양틀로 체다치즈를 찍는다. 김을 펀치로 찍어 치즈에 붙인 뒤 데친 프랑크소시지에 붙인다.
2. 핫도그용 빵은 반 잘라 로메인을 깐다.
3. 소시지를 넣고 샌드위치용 햄을 잘라 넥타이를 만든다. 완두콩은 반 잘라 붙인다.
4. 체다치즈를 1/3 크기로 잘라 비닐째 가위집을 촘촘하게 넣는다. 비닐을 벗긴 뒤 돌돌 만다.
5. 소시지에 이쑤시개를 꽂고 치즈를 고정한다.
6. 로메인과 프랑크소시지 사이에 한쪽에는 다진 오이피클을, 다른 쪽에는 토마토케첩을 뿌린다.

MAKING TIP 이쑤시개가 있어서 아이가 먹다 다칠 수 있으므로 미리 꼭 말해준다. 완두콩은 속껍질을 벗기면 반쪽으로 갈라진다.

토끼샌드위치

식빵에 속재료를 넣고 반 접어 건네던 엄마표 샌드위치는 늘 맛도 영양도 만점이었죠. 추억의 샌드위치를 토끼로 꾸며봤어요. 쫑긋 귀와 귀여운 표정이 사랑스러워요.

재료 식빵 2장, 샌드위치용 햄 1장, 달걀 1개, 오이·양파 10g씩, 마요네즈 2큰술, 설탕 1/3작은술, 노란색 체다치즈·흰색 체다치즈 적당량씩, 소금·후춧가루 약간씩

1. 오이는 어슷 썰고 양파는 곱게 채 썰어 소금에 살짝 절인 뒤 물기를 꼭 짠다.
2. 달걀은 완숙으로 삶아 껍질을 벗기고 곱게 다진다.
3. 볼에 달걀과 오이, 양파를 담고 마요네즈, 설탕, 소금, 후춧가루를 넣고 섞는다.
4. 식빵 한 장은 테두리를 자르고 다른 한 장은 귀 모양으로 오린다. 테두리를 자른 식빵 위에 ❸의 속재료를 넣고 반으로 접는다.
5. 노란색과 흰색 체다치즈를 동그란 모양틀로 찍는다.
6. 김을 펀치로 찍어 체다치즈에 붙여 눈과 코를 꾸민다.
7. 샌드위치 위에 눈과 코를 붙인 뒤 모양틀로 샌드위치용 햄을 찍어 두 뺨을 장식한다.
8. ❹의 귀보다 작게 샌드위치용 햄을 가위로 잘라 붙인 뒤 샌드위치 속에 꽂는다.

MAKING TIP 딱딱한 식빵은 반으로 접어지지 않고 찢어진다. 이때는 전자레인지에 10초간 조리해 부드럽게 만든 뒤 접는다.

곰돌이소시지롤

데친 소시지를 식빵에 말아 담백한
샌드위치를 만들어봤어요. 샌드위치 단면을
곰돌이 얼굴로 꾸며 사랑스러워요.

재료 식빵 2장, 프랑크소시지 2개, 흰색 체다치즈 1/2장, 포도·블루베리 적당량씩,
허니머스터드 소스·김 약간씩

1. 식빵은 테두리를 자르고 밀대로 민다.
2. 끓는 물에 프랑크소시지를 데친 뒤 한 면에만 허니머스터드 소스를 바르고 ❶ 위에 올려 돌돌 만다.
3. ❷를 랩으로 싸 30분간 고정한 뒤 1.5㎝ 두께로 썬다.
4. 동그란 모양틀과 작은 모양틀(또는 빨대)로 체다치즈를 찍는다.
5. 소시지롤 단면에 체다치즈를 붙이고 김을 펀치로 찍어 눈과 코를 장식한다.
6. 도시락통에 잎채소를 깔고 소시지롤을 담은 뒤 남은 공간에 포도와 블루베리를 넣는다.

MAKING TIP 식빵은 테두리를 자르고 밀대로 밀어야 잘 펴진다. 랩으로 싸서 30분간 두면 잘 썰린다.

달팽이빵

식빵에 잼을 발라주는 대신 초콜릿으로
달팽이 얼굴을 표현해봤어요. 초콜릿 스프레드
대신 땅콩버터를 발라도 맛있어요.

재료 식빵 2장, 바나나 1개, 알 초콜릿 6개, 초콜릿 스프레드·천도복숭아·초콜릿펜·화이트초콜릿펜 약간씩

1. 동그란 틀로 식빵을 찍는다.
2. 식빵 위에 초콜릿 스프레드를 바른다.
3. 바나나는 껍질을 벗기고 1cm 폭으로 자른다.
4. ❷의 위에 바나나를 올리고 알 초콜릿을 올린 뒤 화이트초콜릿펜으로 눈동자를 그린다.
5. 화이트초콜릿펜으로 더듬이를 그린 뒤 초콜릿펜으로 입을 그린다.
6. 천도복숭아는 껍질째 슬라이스한 뒤 리본 모양으로 자른다. 달팽이 얼굴 위에 장식한다.

MAKING TIP 초콜릿펜이 없다면 초콜릿을 중탕으로 녹인 뒤 지퍼백에 담고 모서리를 가로로 잘라 사용한다. 천도복숭아 대신 딸기나 사과로 장식해도 좋다.

지퍼백샌드위치

손재주 없는 엄마를 위한 아이디어 샌드위치를 알려드릴게요. 비닐팩에 매직펜으로 그림을 그리기만 해도 귀여운 캐릭터 샌드위치가 완성됩니다.

재료 식빵 2장, 옥수수통조림 1/2캔, 양파 1/2개, 로메인 1장, 청피망·홍피망 10g씩, 마요네즈 3큰술, 설탕 1작은술

1. 옥수수는 체에 밭쳐 물기를 뺀다. 양파와 피망은 옥수수 크기로 다진다.
2. 볼에 손질한 채소와 옥수수를 담고 마요네즈와 설탕을 넣고 섞는다.
3. 식빵 1장의 윗부분에 동그란 모양틀로 찍어 눈을 만든다.
4. 다른 식빵에 ❷의 속재료를 바른다.
5. 로메인을 올린다.
6. 구멍 낸 식빵을 덮는다.
7. 지퍼백에 식빵을 넣고 매직펜으로 눈 코 입을 그려 완성한다.

MAKING TIP 구멍은 로메인 부분에 뚫어야 한다. 옥수수 부분에 구멍을 뚫으면 알갱이가 튀어나와 지저분하다.

한 입에 쏙 들어가는 주먹밥과 초밥은 먹기 편하고 예뻐
배려 깊은 도시락 메뉴입니다. 크기가 작아서 아기자기하게
꾸밀 수 있어요. 보기 예쁘고 맛도 좋은 주먹밥, 초밥 메뉴와
도시락통에 흔들리지 않게 담는 노하우를 소개합니다.

한입에캐릭터도시락 PART 3

주먹밥·초밥
캐릭터 도시락

- 미니언즈주먹밥 세트
- 미니언즈초밥 세트
- 삼둥이유부초밥
- 찜질방유부초밥
- 토토로무수비 세트
- 스마일김밥
- 표정보자기김밥
- 개구리보자기김밥
- 미니고양이주먹밥
- 폭탄밥 세트

미니언즈주먹밥 세트

미니언즈달걀주먹밥+무초절임+마카로니샐러드

미니언즈는 노란색과 검은색의 대비가 강렬해 표현하는 방법도 다양하죠. 저는 달걀을 활용한 미니언즈 주먹밥과 새콤달콤한 무초절임을 곁들였답니다.

마카로니샐러드
P 022 참고

미니언즈달걀주먹밥

무초절임

미니언즈달걀주먹밥

달걀노른자를 밥에 섞어서 영양 가득한 미니언즈 주먹밥을 만들었어요. 오이와 달걀흰자로 미니언즈의 입과 눈을 좀 더 부각시켰어요.

재료 흰밥 1공기(200g), 달걀 1개, 노란색 체다치즈 1장, 김 1/2장, 오이·참기름·소금 약간씩

1. 달걀은 완숙으로 삶아서 노른자만 분리해 체에 내린다.
2. 볼에 밥과 노른자 가루를 담고 섞은 뒤 참기름과 소금으로 간하여 둥글게 빚는다.
3. 김은 0.5cm 폭으로 잘라 달걀주먹밥 가운데에 두른다.
4. 삶은 달걀흰자를 곱게 다진다.
5. 오이는 껍질째 씻어 0.3cm 두께로 썰어 모양틀로 찍는다.
6. ❸에 오이 테두리를 올린 뒤 달걀흰자로 구멍을 채운다. 다른 주먹밥에는 체다치즈를 잘라 붙인다. 김을 동그랗게 잘라 장식한다.

MAKING TIP 달걀흰자 대신 게맛살을 다져서 사용해도 좋다. 둥근 모양틀이 없다면 별, 하트 등 모양틀 뒷부분으로 오이를 뚫는다.

무초절임

단무지 대신 무쌈을 활용해 반찬을 만들었어요.
가위집을 넣어 말기만 하면 무쌈 꽃이 완성됩니다.
여러 장 겹치면 볼륨이 더 풍성해져요.

 ▶ 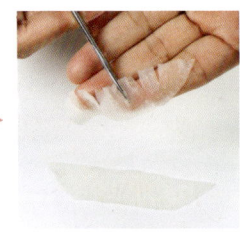 ▶  ▶

 ▶

재료 시판 무쌈 1장, 파프리카 약간

1. 무쌈은 물기를 제거하고 칼로 3등분한다.
2. 무쌈은 0.2cm 폭으로 촘촘하게 가위집을 넣는다.
3. 다른 1장도 같은 방법으로 가위집을 넣는다.
4. 가위집 낸 무쌈 2장을 겹쳐 반으로 접는다.
5. 파프리카는 0.2cm 폭으로 썬다. 무쌈 길이로 작게 썰어 ❹에 넣고 돌돌 만다.

MAKING TIP 무쌈은 분홍색, 연두색 등 여러 가지 색깔이 판매되므로 다양하게 활용한다.

미니언즈초밥 세트 <small>미니언즈달걀초밥+방울토마토사과</small>

달걀과 밥으로만 만든 심플한 초밥이에요. 폭이 좁은 도시락에
쪼르르 담고 여백의 공간에 입가심할 방울토마토를 넣었어요.

미니언즈달걀초밥

방울토마토사과

미니언즈달걀초밥

일본식 달걀초밥은 달콤하고 식감이 폭신해 참 맛있어요.
달걀초밥을 김과 치즈로 꾸며 미니언즈를 만들었어요.
얼굴 표정을 조금씩 바꿔 다양한 모습으로 표현하세요.

재료 흰밥 1공기(200g), 흰색 체다치즈 1장, 김·검은깨 약간씩
배합초 식초 1과 1/2작은술, 설탕 1작은술, 소금 1/3작은술
달걀지단 달걀 2와 1/2개, 다시마물 1/4컵, 설탕·맛술 1/2큰술씩, 간장 1/2작은술

1. 냄비에 분량의 배합초 재료를 담고 끓인다. 밥이 뜨거울 때 배합초를 넣고 섞는다.
2. 달걀은 풀어 체에 내린 뒤 나머지 달걀지단 재료를 넣고 고루 섞는다. 팬에 달걀물을 부어 약한 불에서 부친다.
3. ❷를 김발로 말아 모양을 잡는다. 달걀말이가 한 김 식으면 1㎝ 폭으로 썬다.
4. 미니초밥틀로 밥을 찍은 뒤 달걀말이를 올리고 김을 0.5㎝ 폭으로 잘라 두른다.
5. 체다치즈는 동그란 모양틀로 찍고 그 위에 김을 붙이고 잘라 눈을 만든다.
6. 검은깨로 머리카락을 붙여 완성한다.
7. 도시락통에 잎채소를 깔고 달걀초밥을 담는다.
8. 빈 공간에 유산지를 깔고 무쌈을 돌돌 말아 담는다.

MAKING TIP 밥이 뜨거울 때 배합초를 섞어야 증발되면서 밥이 질지 않다. 달걀말이는 식기 전에 김발로 말아야 모양이 예쁘다.

방울토마토사과

도시락의 단골 재료 방울토마토를 사과 같은
모습을 바꿔봤어요. 심지를 잘라 꽂는 것만으로도
색다른 느낌을 준답니다.

재료 방울토마토 2개, 겨자잎 약간

1. 방울토마토는 깨끗이 씻어 꼭지를 뗀다.
2. 꼭지는 살살 돌려 위아래를 분리한다.
3. 방울토마토의 꼭지 부분에 가위로 구멍을 뚫는다.
4. 구멍에 심지를 꽂는다.
5. 겨자잎이나 상추를 잎 모양으로 오린 뒤 심지 옆에 꽂는다.

MAKING TIP 방울토마토의 꼭지가 단단하게 붙어있을 때는 꼭지는 남기고 별 모양 테두리를
제거해 사과 모양을 표현한다.

삼둥이유부초밥

바쁠 때는 시판 재료를 활용해 엄마표 도시락을 싸도 좋아요.
후리가케를 묻혀 머리카락을 표현했더니 장난스러워 보여요.
체다치즈와 햄으로 표정을 꾸미세요.

 ▶  ▶  ▶

 ▶

재료 흰밥 1공기(200g), 초밥용 유부 5장, 파프리카·샌드위치용 햄·김 약간씩
배합초 식초 1큰술, 설탕 1작은술, 소금 약간

1. 볼에 뜨거운 밥을 담고 분량의 배합초 재료를 넣어 섞는다. 유부는 손으로 가볍게 눌러 양념물을 짠다.
2. 유부주머니에 배합초를 섞은 밥을 채운다.
3. ❷의 윗부분만 후리가케를 찍는다. 김가루를 묻혀도 된다.
4. 샌드위치용 햄은 가위로 오리고 파프리카는 입 모양으로 자른다.
5. 김을 펀치로 찍는다.
6. 유부초밥 위에 햄, 파프리카, 김으로 얼굴을 장식한다.

MAKING TIP 도시락통에 유부초밥을 세워서 담은 뒤 움직이지 않도록 토마토나 포도 등을 빽빽하게 넣는다.

찜질방유부초밥

주먹밥이나 초밥의 속재료를 드러내 장식하면 어떨까 하는 생각이 들더라고요. 메추리알로 얼굴을 만들고 색색깔 속재료로 장식해 찜질방에 간 아이로 만들었어요.

재료 흰밥 1공기(200g), 초밥용 유부 6장, 깐메추리알 3개, 맛살 1개, 달걀노른자 1/2개, 양파 크런치 1/2큰술, 김·검은깨 약간씩
배합초 식초 1큰술, 설탕 1작은술, 소금 약간

1. 볼에 뜨거운 밥을 담고 분량의 배합초 재료를 넣어 섞는다. 유부를 꼭 짠 다음 2/3만 밥을 채운다.
2. 김을 펀치로 찍어 메추리알의 눈과 입을 붙이고 김을 가위로 잘라 머리카락을 붙인다.
3. 맛살은 길이로 찢는다.
4. 달걀은 완숙으로 삶아 노른자만 체에 거른다.
5. 유부초밥 위에 메추리알을 올리고 양파 크런치를 얹는다.
6. 남은 유부초밥에 달걀노른자 가루와 맛살을 각각 올린다. 밥을 뭉쳐 손발을 만든 뒤 그 위에 올린다.

MAKING TIP 양파 크런치를 유부초밥 고명으로 올리면 바삭바삭하다. 마트에서 양파 크런치를 구입할 수 있다.

토토로무수비 세트 토토로무수비+콘샐러드

재료가 간단해 만들기 쉬운 하와이안 스팸무수비. 미술시간처럼
여러 가지 재료를 오리고 붙여 토토로 만들었어요.

콘샐러드
P 022 참고

토토로무수비

토토로무수비

남녀노소 좋아하는 스팸무수비를 토토로 캐릭터로 표현했어요. 스팸 위에 여러가지 재료를 활용해 다른 캐릭터를 만들어도 재미있어요.

재료 밥 1공기(200g), 스팸(작은 캔) 1/2개, 흰색 체다치즈·노란색 체다치즈 1장씩, 바질잎·김·검은깨 약간씩
양념 물 1과 1/2큰술, 간장·설탕·맛술 1/2작은술씩

1. 무수비틀에 밥을 넣어 주먹밥을 만든다.
2. 스팸은 0.5㎝ 두께로 썰어 토토로 모양으로 잘라 끓는 물에 살짝 데친다.
3. 팬에 분량의 양념 재료를 넣고 고루 섞어 스팸을 넣고 강한 불에서 양념장이 없어질 때까지 조린다.
4. 주먹밥 위에 스팸을 올리고 흰색 체다치즈를 동그란 틀로 찍어 눈을 만들고 노란색 체다치즈를 잘라 배를 만든다.
5. 0.7㎝ 폭으로 자른 김을 둘러 감싸고 바질잎으로 머리를 장식한다.
6. 체다치즈 위에 검은깨를 박아 눈동자를 만들고, 김을 삼각형 모양으로 잘라 붙여 배와 코를 장식한다.
7. 도시락통에 잎채소를 깔고 스팸무수비를 담는다.
8. 빈 공간에 유산지를 깔고 콘샐러드를 담은 뒤 청포도로 채운다.

MAKING TIP 무수비틀이 없으면 스팸통 안에 랩을 깔고 밥을 넣는다.

스마일김밥

다른 부재료 없이 프랑크소시지만 넣어서 만 김밥은 잘랐을 때 단면이 예쁘고, 여름철에도 상할 걱정이 없어요. 여백에 김을 펀치로 찍어 유쾌한 표정을 만들었어요.

재료 밥 1/2공기(100g), 김 1장, 프랑크소시지 1개, 소금·참기름 약간씩

1. 밥에 소금과 참기름을 넣고 주걱으로 칼로 자르듯이 섞는다. 프랑크소시지는 끓는 물에 40초간 데쳐 길이로 반 가른다.
2. 김을 깔고 밥을 소시지 폭보다 양쪽으로 0.5cm 정도 넓게 편다.
3. 밥 위에 소시지를 얹고 소시지 높이만큼 양쪽에 밥을 붙인다.
4. 소시지 윗면에도 남은 밥을 얇게 붙인다.
5. 김밥을 둥글게 말아준다.
6. 김밥을 세워 밥을 꾹꾹 눌러 정리한 뒤 1cm 두께로 썬다.
7. 김을 펀치로 찍어 김밥 위에 눈과 머리카락을 붙인다.

MAKING TIP 김밥을 말고 난 뒤 남은 김은 가로로 자르거나 참기름을 발라 붙인다. 칼 표면에 참기름을 바른 뒤 김밥을 자르면 쉽게 잘린다.

표정보자기김밥

요즘 유행하는 오니기라즈는 김을 펼쳐 밥과 재료를
보자기처럼 싸는 김밥이에요. 어떤 재료를 활용해도 좋고
잘랐을 때 단면이 예뻐요.

재료 흰밥 1/2공기(100g), 김 1장, 샌드위치용 햄·달걀지단 2장씩(달걀 1개), 김·파프리카 약간씩

1. 김 1장을 마름모 모양으로 두고 밥의 절반을 샌드위치용 햄 크기로 중앙에 펼친다.
   그 위에 샌드위치용 햄을 2장 올린다.
2. ❶ 위에 샌드위치 햄 크기로 자른 달걀지단을 2장 올린다.
3. ❷ 위에 남은 밥을 올린다.
4. 양쪽 가로 부분을 접어주고 양 옆 모서리를 선물 포장하듯이 접는다.
5. 랩으로 감싸서 5~10분간 둔 뒤 칼로 반 자른다.
6. ❺의 단면에 김을 펀치로 찍어 눈을 붙인다.
7. 파프리카를 잘라 입을 붙여 완성한다.

MAKING TIP 밥이 뜨거울 때 김을 붙여야 접착이 잘 된다. 밥의 양을 적게 할 때는 김의 테두리를 자른다.

개구리보자기김밥

손재주 없는 사람도 도전해보면 좋은 보자기김밥(밥샌드위치)입니다. 재료도 간단하고 1천원숍에서 쉽게 구할 수 있는 눈 모양 이쑤시개를 꽂아 쉽게 개구리를 만들었어요.

재료 초록밥 1/2공기(100g), 김 1장, 비엔나소시지 2개, 노란색 체다치즈·소금·참기름 약간씩

1. 김을 마름모로 두고 사진과 같이 밥을 펼쳐 비엔나소시지를 올린다.
2. 비엔나소시지 양옆과 윗면에 얇게 밥을 붙인다.
3. 김을 보자기 모양으로 접는다.
4. ❸을 랩에 감싸 5분간 두었다 칼로 반 썬다.
5. 눈 모양 이쑤시개를 꽂는다.
6. 동그란 모양틀로 체다치즈를 찍어 양쪽 볼을 장식한다.

MAKING TIP 비엔나소시지의 방향을 반드시 가로로 두고 잘라야 한다. 랩에 감싼 뒤 네임펜으로 방향을 표시하면 소시지의 방향을 잘 잡을 수 있다.

미니고양이주먹밥

동물 모양틀은 한두 개 가지고 있으면 다양하게 활용할 수 있어요. 컬러밥과 속재료를 달리해 모양도 맛도 개성 있는 취향저격 주먹밥을 만들어봤어요.

재료 흰밥·핑크밥·노랑밥 60g씩, 다진 우엉조림 1큰술, 베이컨 2장, 맛살 2개, 마요네즈 1작은술, 김·소금·참기름 약간씩

1. 베이컨은 곱게 다진 뒤 달군 팬에 볶는다.
2. 소금과 참기름으로 간한 핑크밥을 고양이틀에 담고 가운데 다진 베이컨을 넣고 밥을 덮어 찍는다.
3. 맛살은 잘게 찢은 뒤 마요네즈를 넣고 버무린다.
4. 소금과 참기름으로 간한 노랑밥을 고양이틀에 담고 ❸을 넣은 뒤 밥을 덮어 찍는다.
5. 소금과 참기름으로 간한 흰밥을 고양이틀에 담고 가운데 우엉조림을 담고 밥을 덮어 찍는다.
6. ❺의 흰색 고양이밥의 귀 부분에 우엉조림 소스를 바른다.
7. 김을 펀치로 찍어 완성된 주먹밥 위에 장식한다.

MAKING TIP 우엉조림 소스 대신 데리야키 소스를 발라줘도 좋다. 밥의 가운데 부분을 동그랗게 파내고 속재료를 넣어야 밖으로 빠지지 않는다.

폭탄밥 세트 폭탄밥+방울토마토송이+고구마맛탕

김치볶음밥 위에 달걀프라이를 올리는 대신 김으로 감싸 폭탄밥을 만들었어요. 도시락 뚜껑을 열었을 때 깜짝 놀랄 비주얼이 완성되었어요.

고구마맛탕
P 036 참고

방울토마토송이

폭탄밥

폭탄밥

김의 검은색과 김치볶음밥의 붉은색의 상반된 대비로 폭탄의 이미지를 익살스럽게 표현해봤어요. 비닐봉지에 김을 넣고 부순 뒤 주먹밥에 꼼꼼하게 붙여도 좋아요.

재료 밥 1공기(200g), 김 1장, 다진 김치 5큰술, 다진 양파·다진 베이컨 2큰술씩, 소금·참기름·식용유·노란색 체다치즈·흰색 체다치즈·김·파스타 약간씩

MAKING TIP 밥이 뜨거울 때 김을 붙여야 김이 잘 붙는다. 파스타 대신 소면을 튀겨서 장식해도 된다.

1. 달군 팬에 식용유를 두르고 다진 양파와 베이컨, 김치를 볶는다. 베이컨이 익으면 밥을 넣고 볶아 소금, 참기름으로 간한다.
2. 볶음밥이 한김 식으면 뭉쳐 김 위에 주먹밥을 올린 뒤 감싼다. 남은 김은 잘라 정리한다.
3. 노란색 체다치즈를 세모로 잘라 붙이고 흰색 체다치즈는 동그란 모양틀로 찍어 눈을 붙인다.
4. 김을 펀치로 찍어 ❸ 위에 붙이고 튀긴 파스타를 꽂는다.

방울토마토송이

메추리알과 방울토마토 등 크기가 비슷한 재료를 조합했어요. 반으로 자른 포도를 연결해도 된답니다.

재료 깐메추리알·방울토마토 2개씩, 흰색 체다치즈·김 약간씩

MAKING TIP 도시락용 이쑤시개가 없을 때는 빵끈으로 이쑤시개를 장식한다.

1. 방울토마토는 꼭지를 떼고 반 잘라 티스푼으로 속을 판다.
2. 이쑤시개에 ❶을 꽂은 뒤 메추리알에 고정한다.
3. 김을 펀치로 뚫어 눈과 입을 붙인 뒤 체다치즈를 가위로 오려 모자를 만든다.

후다닥 만든 한 그릇 음식, 하교 시간에 맞춰 준비한 간식…
음식 종류와 상황은 다르지만 조금만 엄마의 아이디어를
발휘하면 아이가 더욱 즐겁고 맛있게 먹을 수 있습니다. 접시
위에 그림 그리듯 피운 캐릭터 접시를 소개합니다.

한 입 에 캐 릭 터 도 시 락 PART 4

캐릭터 접시

- 개구리스파게티
- 곰돌이카레
- 식판떡볶이 세트
- 원숭이팬케이크
- 곰돌이롤케이크
- 동물에그타르트
- 크리스마스과일트리
- 눈사람과일접시
- 애벌레과일
- 햄롤꼬치간식 세트

개구리 스파게티

한 입에 후루룩~ 면요리 좋아하는 아이를 위해 식사 시간을 더 흥미진진하게 해주려고요. 먹음직스럽게 담은 스파게티 위에 개구리 얼굴을 만들었어요.

재료 스파게티니 80g, 시판 토마토소스 5큰술, 다진 양파 1큰술, 다진 마늘 1작은술, 소금·올리브오일 적당량씩, 삶은 달걀 1개, 흰색 체다치즈·바질 약간씩

1. 스파게티니는 소금을 넣은 끓는 물에 12분간 삶아 체에 밭친다.
2. 달군 팬에 올리브오일을 두르고 약한 불로 낮춰 다진 마늘과 양파를 넣어 볶는다.
3. ❷에 토마토소스를 넣고 볶다가 끓으면 삶은 파스타를 넣고 섞어 1~2분간 볶는다.
4. 접시에 젓가락으로 스파게티를 둥글게 담는다. 이때 한쪽 공간을 남긴다.
5. 바질잎으로 코를 만들고 체다치즈를 오려 입을 붙인다.
6. 삶은 달걀은 1cm 폭으로 썬다.
7. 김은 펀치로 뚫어 달걀 위에 붙인다.
8. 접시에 달걀을 놓아 완성한다.

MAKING TIP 삶은 파스타는 동그랗게 말아서 그릇에 담은 뒤 남은 소스를 담아야 담음새가 예쁘다. 바질이 없다면 민트잎이나 로메인 등을 잘라 사용한다.

곰돌이카레

반찬 없는 날은 한 그릇 요리만한 게 없어요. 카레나 짜장 등 소스를 얹어 먹는 밥 요리에 활용하면 좋은 아이디어를 알려 드릴게요. 밥으로 만든 곰돌이 위에 카레를 부으면 아이도 '엄지 척' 해줄 거예요.

재료 밥 1/2공기(100g), 노란색 체다치즈 1/2장, 김·빨간색 파프리카·완두콩 약간씩
카레 고형카레 1조각, 감자·양파 1/2개씩, 사과 1/4개, 당근 20g, 버터 1/2큰술, 물 1컵(100㎖), 우유 1/4컵(50㎖)

1. 당근은 꽃 모양틀로 찍고 감자와 양파는 먹기 좋게 썬다. 사과는 강판에 간다.
2. 달군 팬에 버터를 넣고 감자와 양파를 볶다가 물과 카레를 넣고 끓인다.
3. ❷가 끓어오르면 간 사과와 우유를 넣어 카레를 완성한다.
4. 밥을 뭉쳐 곰돌이의 머리와 몸을 만든다.
5. 접시 위에 ❹를 올리고 귀, 팔, 다리를 만들어 붙인다.
6. 체다치즈를 오려 코와 배를 만든다. 김을 펀치로 찍어 눈, 코, 입을 만든다.
7. 파프리카는 가위로 오려 귀와 리본을 만든다.
8. 접시의 가장자리에만 카레를 담는다.
9. 별 모양틀로 찍은 당근과 완두콩으로 장식한다.

MAKING TIP 곰돌이는 아래는 평평하고 위는 볼록하게 만들어야 한다. 접시에 먼저 소스를 담고 건더기와 장식을 배치해 카레의 부재료들이 한꺼번에 쏟아지지 않도록 한다.

식판떡볶이세트 크림떡볶이 + 오렌지물고기 + 적채샐러드

칸이 나뉘 있는 식판에 메인 간식과 디저트를 함께
세팅해봤어요. 반찬 칸에 다양한 과일 썰기 아이디어를
활용해 꾸며보면 재밌답니다.

크림떡볶이

적채샐러드
P 022 참고

오렌지물고기

크림떡볶이

소고기를 듬뿍 넣은 크림떡볶이 떡 위에 개성만점 캐릭터를 만들었어요.
한두 개만 캐릭터로 꾸미면 냉큼 달려와 식탁 위에 앉을 거예요.

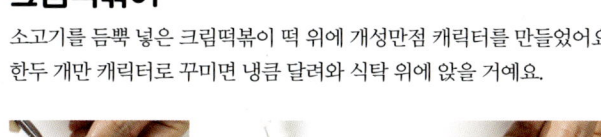

재료 떡볶이떡 150g, 소고기(설도) 50g, 생크림 100㎖, 파마산치즈 10g, 다진 마늘·간장·맛술 1작은술씩, 올리브오일 적당량, 대파·파프리카·검은깨·김 약간씩

MAKING TIP 데친 떡볶이를 다양한 캐릭터로 꾸며 장식한다.

1. 소고기는 1cm 폭으로 썰어 간장과 맛술을 넣어 조물조물 간한다.
2. 떡볶이떡 2개를 끓는 물에 데쳐 따로 둔다.
3. 달군 팬에 올리브오일을 두르고 다진 마늘을 넣어 볶는다. 향이 나면 양념한 소고기와 떡볶이떡을 넣고 중간불에서 완전히 익힌다.
4. 소고기가 익으면 생크림과 파마산치즈를 넣고 약한불에서 길쭉해질 때까지 졸인다.
5. ❷의 떡에 검은깨를 박아 눈을 장식한다. 파프리카를 잘라 입을 붙인다.
6. 대파는 0.1cm 폭으로 채 썬다. 떡 윗부분을 핀셋으로 찔러 파를 핀셋으로 꽂는다.

오렌지물고기

다양한 색감과 크기의 과일을 자르고 붙여 동물 친구를 표현해
봐요. 아이와 함께 요리미술 수업 시간을 열어봐도 좋아요.

재료 오렌지 1조각, 파프리카·피망·검은색 체다치즈·흰색 체다치즈·검은깨 약간씩

MAKING TIP 오렌지 대신 바나나, 키위 등을 슬라이스해서 꾸며도 좋다.

1. 오렌지는 깨끗이 씻어 1cm 폭으로 썬다. 파프리카는 하트틀로 찍는다.
2. 검은색 체다치즈는 굵은 빨대로 찍고 흰색 체다치즈는 가는 빨대로 찍는다. 검은색 체다치즈 위에 흰색 체다치즈를 올리고 검은깨를 붙여 눈을 만든다.
3. ❶의 파프리카를 오려서 위에 올려 입을 만들고, 피망을 잘라 꼬리를 붙인다.

원숭이팬케이크

부드럽고 달콤한 팬케이크를 더욱 매력적으로
만들었어요. 팬케이크를 구운 뒤 아이와 함께
휘핑크림과 초콜릿으로 표정을 꾸며줘도 재미있어요.

재료 밀가루 250g, 달걀 2개, 우유 230㎖, 설탕 80g, 베이킹파우더 15g, 버터 1작은술,
바닐라에센스·버터·초콜릿펜 약간씩,
휘핑크림 생크림 100㎖, 설탕 1작은술

1. 볼에 달걀을 풀어 거품기로 젓는다. 버터는 중탕한 뒤 밀가루, 우유, 설탕, 베이킹파우더, 바닐라에센스를 넣고 고루 섞는다.
2. 생크림은 설탕을 넣고 휘핑해 짤주머니에 넣는다.
3. 달군 팬에 버터를 녹인 뒤 키친타월로 깨끗이 닦는다. 반죽을 올리고 숟가락으로 반죽을 떠 귀를 만들어 약한 불에서 표면에 기포가 올라올 때까지 굽는다.
4. 접시에 팬케이크를 담고 짤주머니로 원숭이 얼굴과 귀를 그린다.
5. 끓는 물에 초콜릿펜을 넣어 녹인다.
6. 초콜릿펜으로 눈, 코, 입을 그린다.

MAKING TIP 팬케이크는 코팅이 잘된 팬에 식용유를 두르지 않고 구워야 색이 예쁘다. 버터를 녹이고
키친타월로 닦아낸 뒤 약한 불에서 천천히 굽는다.

곰돌이롤케이크

끼니만큼 신경 쓰이는 간식 시간. 시판 롤케이크를 줄 때 역시 엄마의 감각을 더해 보세요. 초콜릿펜과 알 초콜릿으로 표정을 만들고 쿠키로 귀를 만들었어요.

▣ 재료   롤케이크 1쪽, 오레오쿠키 2개, 알 초콜릿 2개, 초콜릿펜 약간

1. 롤케이크를 잘라 접시에 담은 뒤 알 초콜릿을 올려 눈을 만든다.
2. 끓는 물에 초콜릿펜을 중탕해 녹인다.
3. 알 초콜릿 위에 초콜릿펜으로 눈동자를 그린다.
4. 쿠키를 반으로 나눠 귀가 될 부분에 끼운다.
5. 초콜릿 펜으로 코, 입, 머리카락을 그려준다.

▣ MAKING TIP   초콜릿펜으로 그린 그림을 수정하고 싶을 때는 초콜릿이 완전히 굳을 때까지 기다렸다가 떼어낸 뒤 다시 그린다.

동물에그타르트

한 입에 쏙 먹을 수 있는 핑거푸드. 에그타르트나 치즈볼 등 아이가 좋아하는 시판 빵을 간식으로 줄 때 체다치즈로 얼굴 표정을 만들어 꾸미세요.

재료 에그타르트 3개, 검은색 체다치즈 1장, 흰색 체다치즈·노란색 체다치즈·검은깨·스프링클스 약간씩

1. 검은색 체다치즈는 굵은 빨대로 찍는다.
2. 에그타르트 위에 ❶을 올려 귀를 만든다.
3. 흰색 체다치즈를 가는 빨대로 찍는다.
4. 김을 동그랗게 잘라 ❸ 위에 붙여 눈동자를 만든다.
5. 노란색 체다치즈를 굵은 빨대로 찍어 검은깨를 붙인다.
6. 에그타르트 위에 눈과 코를 붙인 뒤 스프링클스를 붙여 수염을 표현한다.

MAKING TIP 에그타르트는 물론 여러가지 시판 빵 위에 체다치즈로 표정을 만들 수 있다.

크리스마스과일트리

빨간 접시 위에 키위, 파인애플, 용과를 배치해 트리를 만들어 봤어요. 한 폭의 그림과 같은 모습에 디저트 시간이 즐거워질 거예요.

재료 키위 1개, 파인애플·용과·딸기 약간씩

1. 키위는 껍질을 벗겨 1cm 폭으로 썰어 접시 위에 사진과 같이 놓는다.
2. 파인애플은 링 부분을 살려 썬 뒤 키위 밑에 놓는다.
3. 용과와 딸기는 동그란 모양틀로 찍어 사진과 같이 장식한다.
4. 용과는 0.5cm 폭으로 썰어 별 모양틀로 찍은 뒤 안쪽은 동그란 모양틀로 찍는다.
5. 동그란 모양틀로 딸기를 찍는다.
6. ❹의 구멍에 딸기를 넣은 뒤 접시 맨 위에 올린다.

MAKING TIP 가장 먼저 크기가 큰 키위로 삼각형 모양을 만든 뒤 빈 곳에 키위를 겹쳐서 올린다. 나머지 과일로 빈 공간을 메꾸면 만들기 쉽다.

눈사람과일접시

크리스마스 시즌에 딱 맞는 디저트 한 접시를 소개할게요. 식빵으로 모양 낸 눈사람과 잘 어울리는 용과 트리까지… 눈으로 감탄하고 입으로 감동하는 간식시간이 될 거예요.

재료 식빵 1장, 용과 1/3개, 당근·천도복숭아·블루베리·파인애플 약간씩
휘핑크림 생크림 200㎖, 설탕 1큰술

1. 식빵은 크기가 다른 동그란 모양틀로 1개씩 찍는다.
2. 볼에 생크림과 설탕을 넣고 휘핑한다. 식빵 위에 휘핑한 생크림을 바른다.
3. 접시에 ❷를 담고 당근과 블루베리로 눈, 코 등을 장식한다.
4. 천도복숭아는 사다리꼴 모양으로 잘라 모자를 만든다. 껍질을 벗긴다는 느낌으로 길게 잘라 목도리를 만든다.
5. 용과는 1㎝ 두께로 썰어 트리 모양으로 자른다.
6. 파인애플은 별 모양틀로 찍어 접시의 여백을 장식한다.

MAKING TIP 열대과일 용과는 하얀 과육에 씨가 콕콕 박혀있어 샐러드에 많이 활용한다. 과육이 단단해 모양틀로 찍거나 칼로 모양을 내도 단면이 예뻐 장식용으로 쓰면 좋다.

애벌레과일

아삭아삭 시원한 과일, 하지만 골고루 먹는 아이는 많지 않죠? 아이와 함께 과일을 썰고 붙여 호감 돋는 애벌레를 만들어 보세요. 먹기 아까울 정도로 사랑스럽답니다.

재료 오이 1개, 방울토마토 3개, 포도 1알, 마요네즈 적당량, 검은깨 약간

1. 오이는 껍질째 씻어 10cm 길이로 자른다. 한쪽 면을 칼로 잘라 평평하게 만든다.
2. 자른 단면에 마요네즈를 뿌린다.
3. 포도와 방울토마토는 씻어 한쪽 면을 잘라 평평하게 만든다.
4. 포도 윗면에 마요네즈를 짜 눈을 만든다.
5. 눈 양쪽에 검은깨를 붙인다.
6. ❷ 위에 포도를 올리고 방울토마토를 차례로 올린다.

MAKING TIP 방울토마토 대신 키위나 오렌지를 슬라이스해서 올려도 색다르다.

햄롤꼬치간식 세트 햄롤꼬치+컵파인애플

어른이나 아이나 모두 예쁘게 플레이팅한 음식을
좋아해요. 한 입에 쏙 넣을 수 있는 햄롤꼬치와 파인애플
접시에 표정을 불어넣었습니다.

컵파인애플

햄롤꼬치

햄롤꼬치

냉장고 속 기본 재료로 쉽게 만들 수 있는 막대 샌드위치를 소개합니다. 튀긴 샌드위치 위에 체다치즈와 김으로 여러 가지 표정을 표현했어요.

재료 식빵 2장, 샌드위치용 햄 2장, 노란색 체다치즈 1장, 달걀 1개, 빵가루 10큰술, 밀가루 5큰술, 식용유 적당량, 흰색 체다치즈·김·토마토케첩 약간씩

1. 식빵은 가장자리를 칼로 잘라 방망이로 민다.
2. ❶ 위에 샌드위치용 햄과 노란색 체다치즈를 순서대로 올려 끝부터 돌돌 만다.
3. 랩을 감싸 30분간 둔다.
4. ❸을 밀가루→달걀물→빵가루 순으로 묻힌 뒤 170℃의 식용유에 노릇하게 튀긴다.
5. 튀김을 반으로 잘라 꼬치에 끼운다.
6. 모양틀로 흰색 체다치즈를 찍어 눈을 만든다.
7. 김은 펀치로 찍어 눈동자를 붙이고 토마토케첩으로 입을 그린다.

MAKING TIP 식빵은 말아서 랩으로 싸두어야 모양이 잘 잡힌다. 미리 랩에 싸두었다가 냉장고에 1시간 정도 두었다 쓰는 것도 좋다.

컵파인애플

과일은 써는 모양과 담음새에 따라 다양하게 플레이팅할 수 있어요. 파인애플을 작게 썰어 볼에 담고 얼굴 표정을 만들어서 귀여워요.

 ▶  ▶

재료 파인애플·수박·블루베리 적당량

MAKING TIP 수박이 없을 때는 딸기나 천도복숭아를 사용한다. 블루베리 대신 포도를 이용해도 좋다.

1. 파인애플은 먹기 좋은 사이즈로 잘라 볼에 차곡차곡 담는다.
2. 블루베리를 반으로 잘라 눈을 만든다.
3. 수박은 마름모 모양으로 자른다.
4. ❸의 가운데를 삼각형으로 자른 뒤 중간에 선을 그어 0.1㎝ 폭으로 잘라 입을 만든다.
5. ❶ 위에 수박으로 만든 입을 올린다.

과일 플레이팅 아이디어

과일 스타일링 노하우

❶ 어슷하게 접시에 담기
딸기, 키위, 사과 등을 썰어 접시에 담을 때 한쪽 면의 방향을 바꾸거나 붙은 면을 살짝 빼 공간을 주면 느낌이 색다르다. 1인용 접시에 담을 때 활용하면 좋다.

❷ 투명컵에 꽂기
작은 유리컵이나 빙수용 유리컵을 과일 디저트 접시로 사용한다. 메론, 수박, 딸기 등 과육이 부드러운 과일은 스쿱이나 쿠키커터로 모양을 낸 뒤 꼬치에 꽂아 유리컵에 담는다.

❸ 과일 핑거푸드 만들기
세모 모양으로 썬 수박, 길게 자른 파인애플을 일회용 아이스크림 스틱에 꽂으면 담음새도 예쁘고 하나씩 집어 먹기도 편리하다. 홈파티 스타일링에 아이디어를 낸다.

| 과일 썰기 아이디어 | 후식으로 주는 과일, 이왕이면 맛도 좋고 보기도 좋게 썰면 어떨까요? 식판식에 화룡점정이 될 과일 썰기 아이디어를 소개합니다. |

키위

키위는 반 잘라 숟가락으로 떠먹으세요. 칼집을 넣어 모양을 만드는 방법을 알려 드릴게요.

재료 키위

1. 키위를 잡고 칼을 세워 가운데 부분에 칼집을 넣는다.
2. 'V'모양으로 칼집을 쭉 넣는다.
3. 한 바퀴 칼집을 넣어 시작점까지 간다.
4. 반으로 쪼갠다.

 ▶  ▶  ▶

과일꼬치

여러가지 과일을 스쿱으로 떠 꼬치를 만들었어요. 1회용 아이스음료잔에 넣어 도시락이나 생일파티 때 활용하세요.

재료 키위, 방울토마토, 포도

1. 방울토마토는 꼭지를 떼고 씻는다. 포도도 알알이 떼 씻는다.
2. 키위는 껍질을 벗기고 스쿱으로 동그랗게 판다.
3. 꼬치에 손질한 과일을 하나씩 끼운다.

 ▶  ▶

초간단 스마일 레시피
한입에 캐릭터 도시락

2023년 1월 5일 4쇄 발행

요 리	//	박선희
책임편집	//	이미종
사 진	//	박영하 (여름.夏 스튜디오)
디 자 인	//	eightball studio

펴 낸 이	//	문영애
펴 낸 곳	//	수작걸다
주 소	//	경기 용인시 수지구 동천로 64
이 메 일	//	suzakbook@naver.com
인스타그램	//	@suzakbook
출력·인쇄	//	도담프린팅

값 8,800원

ISBN 978-89-6993-015-6 14590

이 책은 한국출판문화산업진흥원의 출판콘텐츠 창작자금을 지원받아 제작되었습니다.
저작권법에 따라 보호받는 저작물이므로 무단 전재와 무단 복제를 금지하며,
이 책 내용의 전부 또는 일부를 이용하려면 반드시 저작권자와 수작걸다의 서면 동의를 받아야 합니다.
* 인쇄 및 제본에 이상이 있는 책은 바꾸어 드립니다.